초등학생을 위한
좋은 심리 습관
2 자신감이 강한 아이

小学生心理学漫画 2：自信力 BY 小禾心理研究所
Copyright © 2019 by 小禾心理研究所
All rights reserved
Korean copyright © 2021 by Orange Pencil Book
Korean language edition arranged with Dook Media Group Ltd.
Through EntersKorea Co., Ltd.

이 책의 한국어판 저작권은 엔터스코리아를 통한 저작권자와의 독점 계약으로
도서출판 오렌지연필이 소유합니다.
신 저작권법에 의하여 한국 내에서 보호를 받는 저작물이므로
무단 전재와 무단 복제를 금합니다.

초등학생을 위한
좋은 심리 습관

2 자신감이 강한 아이

샤오허 심리연구소 지음

최인애 옮김

들어가는 말

마냥 행복할 것 같은 아이들도 학교생활, 학업생활을 하면서 여러 어려움과 좌절을 겪습니다. 그로 말미암아 자신감이 흔들리는 위기를 맞기도 하지요. 물론 잠시 자신감을 잃는 것은 큰 문제가 안 됩니다. 그러나 자신감이 계속 지나치게 떨어진다면 향후 올바른 성격 형성, 인격 성장에 매우 부정적인 영향을 끼치게 됩니다. 심할 경우 학업과 일상생활을 제대로 하지 못할 만큼 큰 문제가 생기지요. 자신감 결여는 정서 불안, 언어발달장애, 또래관계 문제, 경쟁 회피 등 다양한 양상으로 나타날 수 있습니다.

물론 아이들이 자신감을 갖지 못하는 것은 그 자체로 결코 이상한 일이 아닙니다. 특히 초등학생의 경우에는 전반적으로 나타나는 특징이기도 합니다. 이 시기는 자립심이 싹트고 자존감이 강해지는 동시에 온갖 심리적 갈등과 충돌이 생기는 때이니까요.

그렇기에 자신감이 매우 중요합니다. 자신감이 강한 아이는 작은 어려움과 좌절을 앞으로 나아갈 힘으로 바꿔 버립니다. 어려움과 좌절이 닥칠수록 오히려 이를 발판 삼아 발전하는 셈이죠. 이러한 선순환 속에서 아이들은 더욱 건강하게 자라납니다.

하지만 자신감은 타고나는 것이 아닙니다. 심리학 관점에서 봤을 때 아이가 자신감을 가지려면 귀속감과 자신을 믿는 능력, 스스로 공헌한 것에 대한 인정 등 여러 요소가 뒷받침되어야 합니다. 또한 학업생활에서 겪는 갖가지 일을 어떻게 받아들이고 해석하고 반응하느냐에 따라 자신감 넘치는 아이가 될 수도, 주눅 들어 매사 불안한 아이가 될 수도 있습니다.

올바른 생각 습관과 행동 능력을 갖추려면 상황에 걸맞은 기술과 방법을 터득하고, 이를 통해 지속적으로 개선해 나아가야 합니다. 의식적으로 부단히 연습하면서 자신을 믿는 과정을 통해 자신감을 얻으면 자기 안에 숨겨진 잠재력을 발휘하는 아이가 될 수 있습니다.

이 책은 생활 전반에 걸쳐 아이의 생각 습관과 행동 능력을 길러 줄 방법들을 소개하고 있습니다. 이 방법들은 실생활에서 아이가 꾸준히 연습하고 실천할 수 있을 만큼 쉬울뿐더러 직관적입니다.
부디 이 책을 읽는 모든 아이가 행복한 사람, 용기 있는 사람, 자신감 넘치는 사람이 되기를 바랍니다.

책 사용 설명서

아이들이 일상적으로 겪는 자신감 문제는 생각보다 광범위합니다. 이 책은 아이들이 공부하면서, 학교생활을 하면서 실제로 겪는 문제들을 출발점으로 삼고 있습니다. 이를 토대로 일상생활에서 부딪히는 자신감 결여의 문제를 어떻게 해결하고 친구 및 어른과의 관계를 통해 어떻게 주도적으로 자신감을 기를 것인지를 중점적으로 다루었습니다.

이 책은 기초 편·응용 편·심화 편·강화 편 등 총 4장으로 구성했으며, 그 아래 38가지의 연습 방법을 실었습니다. 아이들마다 자신감의 정도가 다를 것이므로, 실제 상황에 기초해서 각 챕터마다 구체적으로 응용 가능한 연습법을 소개했습니다. 기초 편부터 강화 편까지 이 책을 따라가다 보면 조금씩 자신감을 키울 수 있을 것입니다.

제1장

기초 편은 주로 아이의 자신감과 관련된 기본적 문제들을 해결하는 데 중점을 두었습니다. 발표 공포증이나 어둠 공포증, 안정감을 느끼지 못하는 등의 상황을 사례로 들고 그에 대한 분석과 구체적인 극복 방법을 소개하여 아이가 기본적인 자신감을 가질 수 있도록 도왔습니다.

제2장

응용 편은 일상생활에서 아이들이 자신감 문제로 겪을 수 있는 여러 문제를 모았습니다. 낯선 환경에 처했을 때, 괴롭힘을 당할 때 등등 다양한 상황에 걸맞은 대처 방법과 마음가짐 등을 다루었습니다. 특히 돌발 상황에서 당황하거나 위축되지 않고 적절히 대응하기 위해 꼭 필요한 자신감을 강화하는 데 중점을 두었습니다.

제 3 장

심화 편은 주로 자신감이 부족해서 생길 수 있는 일상의 문제를 다루었습니다. 아이가 지나치게 까다롭거나 성취감을 느끼지 못하는 등의 문제도 알고 보면 부족한 자신감 때문입니다. 이런 상황은 겉으로는 자신감과 전혀 관련이 없어 보이기 때문에 간과하기 쉽습니다. 이 부분을 중점적으로 다루며 아이가 자립심과 긍정적인 마음가짐을 갖는 방법을 소개했습니다.

제 4 장

강화 편은 부모님과의 건강한 관계 형성, 단체 활동, 취미생활 등 구체적인 상황에서 어떻게 자신감을 키울 것인지를 다루었습니다. 아이의 자신감 기르기는 '1+1=2'처럼 단순하게 해결할 수 있는 일이 아닙니다. 생활 전반의 여러 부분이 조화를 이루어야 하는 매우 고난도의 과제입니다. 따라서 일상생활에서 주도적이고 긍정적이며 진취적인 마음을 갖고 자신감을 강화하는 데 중점을 두었습니다.

차례

들어가는 말 ★4
책 사용 설명서 ★6

제1장 기초 편

01 _ 발표할 때면 얼어붙는 나, 어떻게 해야 할까요? ★22
02 _ 어둠이 무서운 나, 어떻게 해야 할까요? ★25
03 _ 다른 사람의 눈을 마주 보지 못하는 나, 어떻게 해야 할까요? ★28
04 _ 내 의견을 말할 용기가 없는 나, 어떻게 해야 할까요? ★31
05 _ 어려워 보이는 일은 시도조차 하기 싫은 나, 어떻게 해야 할까요? ★34
06 _ 새로운 것이 낯설고 무서운 나, 어떻게 해야 할까요? ★37
07 _ 점점 외톨이가 되는 나, 어떻게 해야 할까요? ★40
08 _ 작은 일에도 너무 걱정이 많은 나, 어떻게 해야 할까요? ★43
09 _ 중요한 순간에 실력 발휘를 못하는 나, 어떻게 해야 할까요? ★46
10 _ 책임을 맡기 싫은 나, 어떻게 해야 할까요? ★49
11 _ 아는 사람이 없으면 불안한 나, 어떻게 해야 할까요? ★52
12 _ 어른이 대신 해 주기를 바라는 나, 어떻게 해야 할까요? ★55

제2장 응용 편

13 _ 낯선 환경에서 너무 긴장해요 ★70
14 _ 좌절을 겪으면 포기해 버려요 ★73
15 _ 실패를 잘 받아들이지 못해요 ★76
16 _ 다른 사람이 나에게 관심 갖는 게 싫어요 ★79
17 _ 친구와 의견이 다를 때 너무 쉽게 양보해요 ★82
18 _ 친구의 무리한 부탁도 거절하지 못해요 ★85
19 _ 낯선 사람 앞에서 벙어리가 되어 버려요 ★88
20 _ 괴롭힘을 당해도 아무런 말을 못 해요 ★91
21 _ 부모님께 나쁜 일을 말할 용기가 나지 않아요 ★94

제3장 심화 편

22 _ 불안함을 감추려고 똑같은 질문을 반복해요 ★ 110
23 _ 항상 다른 사람의 인정과 관심을 받고 싶어요 ★ 113
24 _ 늘 다른 친구가 부러워요 ★ 116
25 _ 무슨 일이든 결정하기 싫어요 ★ 119
26 _ 나 자신이 마음에 들지 않아요 ★ 122
27 _ 항상 다른 사람을 탓하고 원망해요 ★ 125
28 _ 자꾸 다른 친구를 흉봐요 ★ 128
29 _ 성취감을 느낄 수 없어요 ★ 131

제4장 강화 편

30 _ 친구관계를 통해 자신감을 길러요 ★ 144
31 _ 선생님의 칭찬과 꾸중을 바르게 해석하고 받아들여요 ★ 147
32 _ 부모님과 함께하며 자신감을 얻어요 ★ 150
33 _ 더 많은 것을 알고 배워요 ★ 153
34 _ 취미와 흥미를 가져요 ★ 156
35 _ 단체 활동에 참여해요 ★ 159
36 _ 체육을 즐겨요 ★ 162
37 _ 나의 장점을 발견해요 ★ 165
38 _ 어떤 일이든 비교할 대상은 나 자신뿐이에요 ★ 168

제 1 장
기초 편

★ 어려운 일만 생기면 도망치고 싶은 나. 어쩌죠?

하지만 난 농구를 해 본 적이 없는걸!

농구부에서도 날 원하지 않을 거야.

농구하다가 다치면 어쩌지?

농구가 이렇게 재미있는 줄은 몰랐네!

어려워 보이는 일도 막상 해 보면 생각만큼 어렵지 않을지도 몰라!

★ 꼭 중요한 순간에 실력 발휘를 못하는 나, 어쩌죠?

자신감이 없으면 더 많은 문제가 생길 수 있어요.
어떻게 하면 좋을지, 함께 알아봐요!

 발표할 때면 얼어붙는 나, 어떻게 해야 할까요?

Q. 요새 우리 반은 발표 프로젝트를 하고 있어요. 매일 돌아가면서 한 명씩 발표하는데, 내일이 바로 내 차례예요. 그런데 너무 긴장돼서 도망치고 싶어요. 그냥 못 한다고 말하고 포기할까 생각해 봤지만 그래도 그건 아닌 것 같고, 그냥 발표하자니 친구들 앞에서 망신을 당할까 봐 걱정돼요. 어떻게 하면 좋을까요?

A. 아마 이런 고민을 하는 친구가 많을 거예요. 다른 사람들 앞에 서는 것이 자신 없고 두렵나요? 너무 걱정하지 마세요. 단번에 해결할 수는 없지만 그렇다고 해결하지 못할 만큼 큰 문제도 아니니까요. '많은 사람 앞에서 발표하는 것'이 아무렇지 않게 느껴질 만큼 긴장감을 낮추는 연습을 하면 된답니다.

심리분석 & 힌트

1 다른 사람 앞에 서 본 경험이 많지 않으니 긴장하는 건 당연해, 괜찮아.

2 이것저것 너무 많이 생각하지 말고 내 실력을 제대로 발휘하는 데만 집중하자.

3 이번에 포기하고 도망친다면 다음 번에도 도망치고 싶어질 테고, 결국 도망치는 게 습관이 될 거야.

4 친구들은 분명히 내 발표를 좋아할 거야!

연습 & 설명

1 발표 전에 충분히 준비하기

제대로 준비하면 자신감이 생기는 법이지!

무슨 일이든 준비가 부족하면 자신감이 떨어지고 긴장될 수밖에 없어요. 이럴 때일수록 자기 자신을 응원하고 힘을 북돋우면서 워밍업을 해야 해요. 발표 전에 미리 충분히 준비해 보세요. 준비가 충분할수록 자신감이 생기고, 자신감이 생길수록 긴장과 두려움은 사라진답니다.

2 돌발 상황에 대처하는 법 연습하기

크게 심호흡하고 천천히 말하면 긴장이 풀려!

가끔은 괜찮다가 갑자기 긴장되기도 해요. 얼굴이 빨개지고 심장이 쿵쾅거리며 긴장되면 나도 모르게 말하는 속도가 빨라지거나 발음이 불분명해질 수 있어요. 그밖에 발표하는 중에 누군가가 갑자기 질문하는 등 돌발 상황이 생겨도 긴장될 수 있죠. 그럴 때는 크게 심호흡을 하고, 일부러 말하는 속도를 늦추면서 발표 내용에 집중해 보세요. 이렇게 하면 훨씬 효과적으로 감정을 다스릴 수 있어요.

3 평소에 여러 사람 앞에 서는 경험 쌓기

발표가 밥 먹기나 잠자기처럼 일상적인 일이 되면 겁낼 게 하나도 없어!

'여러 사람 앞에서 말하기'가 몸에 밴 습관처럼 편안해질 때까지 일부러 그런 상황을 많이 만들고 자주 접해 보세요. 무슨 일이든 밥 먹기나 잠자기처럼 일상적인 일이 되면 더 이상 긴장하지도, 얼어붙지도 않게 된답니다.

심리학 박사님과 이야기 나누기

사람들 앞에 서는 것은 언제나 긴장되고 두렵고, 심지어 도망치고 싶은 일이에요. 사실 이런 기분이 드는 것은 지극히 정상입니다. 관중 앞에서 하는 발표이든 공연이든, 무언가를 한다는 사실 자체가 심리적 스트레스를 유발하기 때문이죠. 스트레스는 공포감에서 비롯되는데, 익숙하지 않은 환경이라면 이런 긴장감과 불안감이 더욱 높아지게 마련입니다. 그 결과 얼굴이 벌겋게 달아오르고, 심장 박동이 지나치게 빨라지기도 하죠. 하지만 앞서 소개한 방법들을 활용해서 이런 공포감을 이겨 낸다면 아무도 보지 않을 때보다 오히려 누군가가 보고 있을 때 더 큰 성과를 올릴 수 있답니다. 심리학에서는 이러한 현상을 가리켜 '호손 효과'라고 해요.

'호손 효과'는 1920~1930년대 미국 시카고의 호손 웍스라는 공장에서 진행된 실험을 통해 발견된 효과예요. 실험에 참가한 근로자는 자신이 일하는 모습을 전문 연구원들이 지켜본다는 사실을 알고 있었는데, 신기하게도 더 높은 생산 효율을 보였답니다. 이처럼 연습을 통해 다른 사람 앞에 서는 일이 더 이상 두렵지 않게 되면 '호손 효과'의 영향으로 오히려 더 좋은 결과를 낼 수 있어요!

어둠이 무서운 나, 어떻게 해야 할까요?

Q. 부모님은 내게 "이제 초등학생이고 더 이상 아기가 아니니까 혼자 자야지"라고 말씀하세요. 하지만 혼자 잘 수 있을 것 같다가도 불이 꺼지고 방이 캄캄해지면 덜컥 겁이 나요. 어쩐지 침대 밑에서 괴물이 튀어나올 것 같고, 작은 소리만 들려도 깜짝깜짝 놀란다니까요. 어둠이 무서운 나, 어쩌죠?

A. 전형적인 어둠 공포증이네요. '공포증'이라고 해서 너무 걱정하지는 마세요. 개인차가 있을 뿐, 자라면서 누구나 겪는 일이니까요. 평소에 조금만 연습하면 어둠 공포증은 비교적 쉽게 이겨 낼 수 있답니다.

이런 생각이 들 수 있어요 (mentality)

아무것도 안 보여, 너무 무서워!

무슨 소리지? 혹시 괴물 아닐까?

나쁜 사람이 나타나서 날 잡아가면 어쩌지? 겁나 죽겠네!

심리분석 & 힌트

1. 불을 켜고 자면 건강에 좋지 않아. 불을 꺼야 푹 잘 수 있어.

2. 겁쟁이나 아무것도 아닌 일에 지레 겁먹는 거야. 나는 겁쟁이가 아냐.

3. 이 세상에 괴물 같은 것은 없어!

4. 아빠 엄마 모두 집에 계시잖아. 그런데 뭐가 무섭겠어?

연습 & 설명

1 자기 전에 충분히 긴장 풀기

편안한 기분을 유지하자!

때때로 자기 전에 너무 흥분하거나 머리를 많이 쓰면 어둠 공포증이 생길 수 있어요. 그래서 잠자기 직전에는 격렬한 신체 활동이나 자극적인 영상물을 보는 일은 되도록 피하는 게 좋아요. 그 대신 부모님과 이야기를 하거나 좋아하는 음악을 들으며 마음을 편안하게 만들어 보아요.

2 단계적으로 어둠에 적응하기

먼저 작은 수면등을 켜놓고 자는 것부터 시도해 보자!

처음부터 불을 다 끄고 자는 게 어렵다면 방의 밝기를 단계적으로 낮춰 보아요. 작은 수면등을 하나 켜 놓고 자다가 익숙해지면 완전히 끄고 자는 거예요.

3 어둠을 과학적으로 이해하기

아하, 이래서 어두워지는 거구나. 역시, 모르면 겁이 나는 법이야.

두려움은 무지에서 나온다는 말이 있어요. 모르기 때문에 겁이 난다는 뜻이지요. 그래서 어둠에 관한 과학적 지식을 공부하는 것도 어둠 공포증을 이기는 좋은 방법이에요. 낮과 밤의 변화는 왜 일어나는지, 그림자는 어떻게 생기는지 등을 알게 되면 더 이상 엉뚱한 생각 때문에 어둠이 무섭게 느껴지지 않는답니다.

4 어둠을 즐기기

어둠 속에서 할 수 있는 재미난 놀이가 이렇게나 많을 줄이야!

어둠을 이용해서 즐거운 놀이를 할 수도 있어요. 아빠 엄마와 함께 저녁 산책을 나가서 어두워진 하늘에 뜬 별과 달을 구경해 보아요. 집에서 불을 끄고 좋아하는 음악을 듣거나 손전등으로 그림자놀이를 하는 것도 좋아요. 어둠 속에서도 즐거웠던 경험이 쌓이면 더 이상 어둠이 무섭지 않을 거여요.

심리학 박사님과 이야기 나누기

어두운 곳에 혼자 있으면 겁이 나나요? 이는 어둠 공포증 때문입니다. 어린이라면 누구나 많든 적든 어둠 공포증을 갖기 마련인데, 여기에는 크게 생리적 원인과 심리적 원인이 있습니다. 먼저 생리적 원인을 살펴볼게요. 어둠 속에서는 시야 범위가 크게 줄어들기 때문에 시각으로 얻을 수 있는 정보가 그리 많지 않습니다. 정보가 부족하면 그만큼 환경에 대한 불확실성이 높아지고 안정감이 떨어지면서 공포감이 커지게 되죠. 쉽게 말해서 보이지 않기 때문에 겁이 나는 셈이에요. 어둠 공포증의 심리적 원인으로는 무서운 영화를 봤다든가 어두운 밤에 벌어지는 무서운 이야기 등을 들었던 것이 무의식에 남아 공포심을 자극하는 것을 들 수 있습니다.

자신이 느끼는 공포감이 지극히 정상적이라는 사실을 이해하고 나면 스스로 정말 두려워하는 것이 무엇인지 알게 됩니다. 부모님의 도움을 받아 위에 소개한 대로 두려움을 극복하는 연습을 해 보아요. 어느새 더 이상 어두운 방을 무서워하지 않는 자신을 발견할 것입니다.

다른 사람의 눈을 마주 보지 못하는 나, 어떻게 해야 할까요?

Q. 학교에서 친구와 이야기할 때 어쩌다 눈이 정면으로 마주치면 나도 모르게 얼굴이 붉어지고 눈을 피하게 돼요. 그런 모습을 보고 내가 자기를 싫어하는 줄로 오해한 친구도 있어요. 사실은 다른 사람과 눈을 마주 보는 게 부끄러워서 그럴 뿐인데 말이죠. 정말 고민이에요. 어떻게 해야 다른 사람의 눈을 자연스럽게 마주 볼 수 있을까요?

A. 부끄러움 때문에 다른 사람과 눈을 마주치지 못해서 고민하는 친구가 생각보다 많아요. 부끄럼을 잘 타는 친구일수록 이런 상황에서 머릿속이 복잡해지게 마련이죠. 대화에 집중하기도 힘들고요. 하지만 너무 걱정할 필요는 없답니다. 다른 사람과 눈을 마주치지 못하는 문제는 조금만 연습하면 비교적 쉽게 해결할 수 있으니까요.

mentality
이런 생각이 들 수 있어요

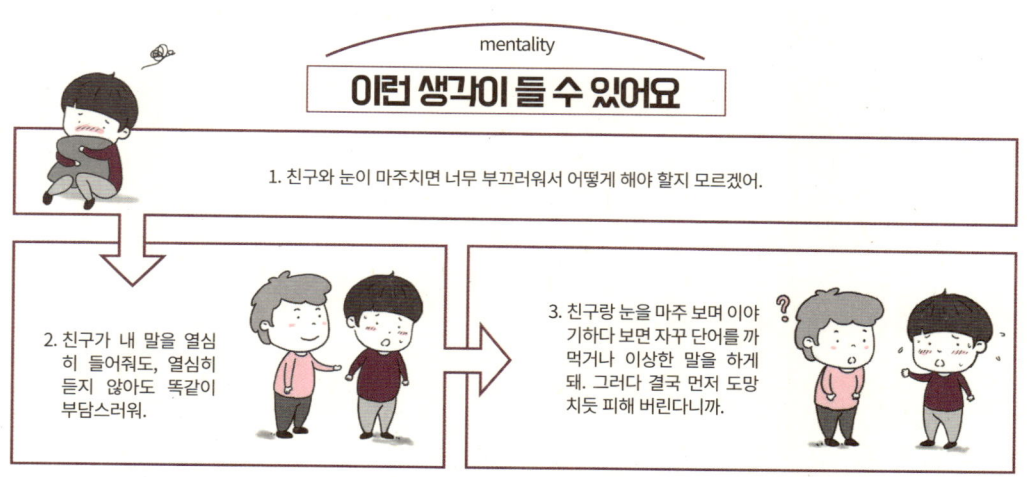

1. 친구와 눈이 마주치면 너무 부끄러워서 어떻게 해야 할지 모르겠어.
2. 친구가 내 말을 열심히 들어줘도, 열심히 듣지 않아도 똑같이 부담스러워.
3. 친구랑 눈을 마주 보며 이야기하다 보면 자꾸 단어를 까먹거나 이상한 말을 하게 돼. 그러다 결국 먼저 도망치듯 피해 버린다니까.

심리분석 & 힌트

1 친구가 내 눈을 바라보며 열심히 내 말을 들어주는 것은 매우 예의 바른 행동이야. 그러니 나도 친구를 예의 바르게 대해야 해.

2 눈을 마주 보는 것 역시 성실한 대화의 일부야.

3 일단 눈을 마주 볼 수 있어야 친구관계에서 필요한 다른 용기도 낼 수 있어.

4 대화할 때 눈을 마주 보는 것도 결국은 습관이야. 익숙해지면 괜찮아!

연습 & 설명

1 진심을 다한다면 걱정하거나 겁낼 필요가 없다는 점 기억하기

마음에 거리끼는 것이 없다면 부끄러워할 것도 없어!

평소에 자신한테 "나만 진실하고 거리낄 게 없다면 잠깐 단어를 잊거나 이상한 말을 해도 괜찮아"라고 말해요. 우리가 부끄러움, 심지어 두려움을 느끼는 이유는 대부분 생각이 지나치게 많기 때문이랍니다.

2 다른 사람의 말을 들을 때 반드시 상대를 바라보기

대화할 때는 말하는 사람을 바라보는 것이 예의야.

혹시 말할 때뿐만 아니라 상대의 말을 들을 때도 눈을 마주치지 못하고 엉뚱한 곳을 쳐다보고 있지는 않나요? 사실 이는 예의 없는 행동이에요. 먼저 친구의 말을 들을 때 말하는 친구를 똑바로 바라보는 것부터 연습해 보아요. 들을 때 상대를 볼 수 있으면 말할 때도 얼마든지 눈을 마주 볼 수 있어요. 해 보면 별것 아니랍니다!

3 상대를 바라보며 말하는 버릇 들이기

"말할 때는 상대를 꼭 바라보기!
말할 때는 상대를 꼭 바라보기!!
말할 때는 상대를 꼭 바라보기!!!"

자신에게 '상대를 바라보며 말하기' 미션을 줘 보아요. 대화할 때 상대를 바라보지 않고는 아예 말을 하지 않는 거예요. 이렇게 평소 의식적으로 상대를 보며 말하는 연습을 하면 어느새 눈을 마주치는 일이 습관처럼 자연스러워진답니다.

심리학 박사님과 이야기 나누기

다른 사람과 눈을 마주치지 못하는 것은 그만큼 자랐다는 증거예요. 실제로 어렸을 때는 안 그랬는데 사춘기가 가까워질수록 다른 사람과 눈을 마주치는 것을 어려워하는 친구가 많답니다. 매우 보편적인 현상이라는 뜻이죠. 하지만 심각할 경우 심리학에서 말하는 '주목 공포증' 같은 사회 공포증이 생길 수도 있어요. 단순히 다른 사람과 눈을 마주치지 못하는 정도가 아니라 남이 나를 쳐다보는 것만으로도 공포에 휩싸이는 거죠.

다른 사람과 눈을 마주 보는 게 힘들거나 두렵게 느껴지더라도 너무 걱정하지 말아요. '체계적 둔감법'으로 얼마든지 극복할 수 있으니까요. '체계적 둔감법'이라고 하니까 어렵게 느껴지죠? 이해를 돕기 위해 '부끄럼 많은 꾀꼬리'의 이야기를 들려줄게요.

어느 마을에 노랫소리가 아주 아름다운 꾀꼬리가 살고 있었어요. 그런데 이 꾀꼬리는 실컷 노래를 잘 부르다가도 누군가가 듣고 있다는 사실을 알면 더 이상 노래를 하지 못했어요. 부끄러워서 도무지 목소리가 나오지 않았던 거예요. 꾀꼬리는 이 문제를 해결하기 위해 의사를 찾아다녔어요. 그런데 의사들은 하나같이 진료에 앞서 꾀꼬리한테 노래부터 불러 보라고 시켰어요. 그래야 정확한 진단을 내릴 수 있다며 말이죠. 이런 일이 반복되자 어느 순간 꾀꼬리는 상대가 시키기 전에 자신이 먼저 나서서 노래를 부르기 시작했어요. 부끄러움도 어느새 사라지고 없었지요. 남 앞에서 노래하는 일이 버릇처럼 자연스러워진 거예요!

다른 사람과 눈 맞추기도 마찬가지입니다. 처음에는 거울을 보면서 자신과 눈을 맞추며 말하고, 다음으로는 가족 및 친척과 눈을 마주 보고 이야기하는 연습을 해 보아요. 그렇게 눈을 보면서 이야기하는 버릇을 들이다 보면 더 이상 다른 사람과 눈을 마주 보며 대화하는 일이 두렵게 느껴지지 않을 거예요.

 # 내 의견을 말할 용기가 없는 나, 어떻게 해야 할까요?

Q. 학급회의 때 회의 주제에 관한 자신의 의견을 활발하게 발표하는 친구들과 달리, 나는 도무지 입이 떨어지지 않아요. 하고 싶은 말이 없는 것은 아닌데 너무 긴장돼서 언제 어떻게 손을 들고 발표를 해야 할지 모르겠더라고요. 결국 회의가 끝날 때까지 한마디도 하지 못하는 경우가 대부분이에요. 친구들 역시 내 진짜 생각이 무엇인지, 어떤 의견이 있는지 몰라요. 제대로 말한 적이 없으니까요. 이렇다 보니 어느새 내 의견을 밝히지 못하는 게 당연한 일처럼 돼 버렸어요. 하지만 나도 당당하게 내 의견을 말하고 싶어요. 어떻게 하면 좋을까요?

A. 자신의 생각과 의견을 다른 사람에게 말하는 것 역시 연습이 필요해요. 처음에는 어려워도 꾸준히 연습하다 보면 편안하게 내 의견을 밝힐 수 있게 된답니다.

심리분석 & 힌트

1. 계속 내 목소리를 내지 않으면 친구들이 나를 투명인간 취급할지도 몰라.

2. 침묵한다고 상황이 더 나아지지는 않아.

3. 자기 의견을 밝히는 것은 모든 사람이 똑같이 가진 권리야.

4. 이번에 용기를 내서 말하면 다음번에는 말하기가 훨씬 더 쉬울 거야.

연습 & 설명

1 자기 의견 표현을 습관화하기

친구가 내 의견을 물으면 얼버무리지 말고 분명하게 말하는 습관을 들이자!

먼저 표현하기를 습관으로 만들어야 해요. 내 의견이 다른 사람과 같든 다르든 상관하지 말고 일단 표현하는 것 자체가 중요하다는 뜻이에요. 의견을 밝힐 기회가 생기면 '무엇을 말할 것인가'보다는 '무엇이든 말하는 것' 자체를 우선으로 생각해요.

2 합리적 사고력 기르기

먼저 생각을 잘 정리한 뒤에 말하자.

선뜻 입을 떼기 힘든 이유는 대개 말하다 실수할까 봐 겁나기 때문이에요. 평소 말하기 전에 충분히 생각하는 습관을 들이면 말실수를 크게 줄일 수 있어요. 합리적 사고력을 기르는 것 역시 중요해요. 그래야 좋은 의견을 생각해 낼 수 있을 뿐만 아니라 더욱 자신감 있게 자기 생각을 펼쳐 보일 수 있답니다.

3 발표할 때는 큰 소리로 말하기

어떤 내용이든 모두가 들을 수 있도록 크고 분명하게 말해야 해!

발표하는 게 익숙하지 않은데 어쩌다 발표를 해야 할 때는 자신도 모르게 목소리가 기어들어가고 발음이 불분명해지기 쉬워요. 이러면 말하는 내용이 듣는 사람에게 제대로 전달되지 않기 때문에 소통이 잘되지 않고, 결국 자신감이 더욱 떨어질 수 있어요. 그러니 발표할 때는 당당하게 큰 목소리로 또박또박 말하려 노력해 보아요. 때로는 '무엇을' 말하는지보다 '어떻게' 말하는지가 훨씬 중요하답니다.

4 남과 다른 의견 표현하는 법 배우기

네 의견도 참 좋아. 하지만 내 생각에는…… 만약 이렇다면…….

'애들이 싫어하거나 반대하면 어쩌지?'라는 걱정 때문에 자기 생각을 쉽사리 밝히지 못하는 친구가 많을 거예요. 이런 경우에는 먼저 남과 다른 의견을 바르게 표현하는 법을 배워야 해요. 먼저 내 의견을 말하기 전에 상대의 의견을 충분히 인정하세요. 그런 뒤 상대의 의견에서 부족한 점을 간단히 말하고 다음으로 자신의 의견을 제시하세요.

심리학 박사님과 이야기 나누기

내 생각을 밝히고 싶은데 차마 말할 용기가 나지 않는 이유로는 크게 두 가지를 들 수 있어요. 첫째는 자신감이 부족하기 때문이에요. 다른 사람이 자신의 의견을 받아들일 것이라는 믿음이 부족한 거죠. 둘째는 다른 사람의 생각에 지나치게 신경 쓰기 때문이에요. 어려서부터 타인의 평가를 중요하게 여기는 환경에서 자랐다면 더더욱 그렇답니다. 즉 자신도 모르게 나와 남을 비교하고, 남과 다른 의견을 낼 경우 '모난 돌'이 될까 봐 차마 내 생각을 말하지 못하는 거예요.

오스트리아의 심리학자 아들러는 자신의 생각을 주도적으로 표현하지 못하는 가장 큰 원인으로 '마음 깊숙한 곳에 자리한 자기비하감'을 꼽았어요. 하지만 동시에 자기비하감은 누구나 가질 수 있는 것이니 두려워할 필요가 전혀 없으며, 정확히 알기만 한다면 얼마든지 극복할 수 있다고 했죠. 먼저 자신의 장점을 분명히 알고, 거기서 비롯된 우월감으로 자기비하감과 싸우는 게 중요해요. 그렇게 충분한 훈련과 연습을 하면 얼마든지 자신의 의견과 생각을 당당히 표현할 수 있을 겁니다.

어려워 보이는 일은 시도조차 하기 싫은 나. 어떻게 해야 할까요?

Q. 학교 농구부에서 신입 부원을 모집하는데 담임선생님이 나한테 키가 크니 한번 해 보라고 말씀하셨어요. 솔직히 나도 한번 해 보고 싶어요. 하지만 지금까지 한 번도 농구를 해 본 적이 없어서 망설여져요. 어려울 것 같기도 하고, 농구부에서 나를 받아 주지 않으면 어쩌나 걱정도 되고요. 그렇다고 시도조차 해 보지 않고 포기하면 나 자신이 너무 한심할 것 같아요. 어려워 보인다고 늘 도망치는 사람이 되고 싶지는 않은데, 어떻게 해야 할까요?

A. 어려워 보이는 일 앞에서 주눅 드는 것은 이 나이대의 특징입니다. 스스로에 대한 확신도 없고 경험 역시 부족하기 때문에 실패할지도 모른다는 두려움이 크거든요. 하지만 도망이 습관이 되면 어떤 일이든 해낼 수 있다는 자신감을 기를 수 없습니다. 따라서 '어려워 보이는 일을 하기 싫어하는 것'은 매우 심각하게 생각하고 다뤄야 할 문제예요.

mentality
이런 생각이 들 수 있어요

아, 어렵다. 이거 시간 낭비 아닐까?
어차피 제대로 못할 것 같은데.

싫어, 안 해. 실패하면 어떡해?

했다가 실패하면 더 창피할 거야.
차라리 처음부터 포기하는 게 나아.

1	2	3	4
시도하면 실패할 수도, 성공할 수도 있지만 시도조차 하지 않으면 100퍼센트 실패야.	사실 그리 어려운 일도 아닌데 내가 괜히 부풀려 생각하는 건 아닐까?	도망치는 게 습관이 되면 앞으로 어려운 일이 더 많을 거야!	실패해도 괜찮아. 최선을 다해 노력했다면 아무것도 두려워할 필요가 없어!

심리분석 & 힌트

연습 & 설명

1 스트레스 해소: 어려움을 분석하고 기대치를 낮추기

기대가 없으면 스트레스도 받지 않아. 실패이든 성공이든 생각하지 말고 그냥 한번 해 보자!

어려운 일을 앞두고 스트레스를 줄이려면 먼저 그 일이 왜 어려운지를 분석하고 거기에 맞게 준비해 보아요. 또 성공보다 실패할 확률이 높아 보이는 일은 차라리 '실패해도 괜찮아'라는 마음으로 시도해 보아요. 혹시 예상과 달리 성공한다면 더 큰 기쁨을 누릴 수 있답니다.

2 게임하듯 어려움에 도전하기

어려움을 극복하는 것은 게임에서 스테이지를 클리어하는 것과 비슷해!

스스로 보상을 정하고 게임하듯 어려움에 도전해 보아요. 예를 들어 부모님과 이야기해서 농구부 신입 부원 면접에 통과하면 외식하기로 약속하는 거예요. 일단 보상을 먼저 정해 놓고, 마치 게임을 하듯 도전하면 훨씬 강한 동기와 열정이 생긴답니다.

3 책임감 기르기

학교생활을 더 잘하려면 내가 먼저 나서서 선생님과 친구들을 도와야겠다!

어려울 것 같다는 이유로 시도조차 하지 않고 쉽게 포기해 버릴 때가 많다면 그만큼 책임감이 부족하다고 볼 수 있어요. 단체생활에서든 인생에서든 책임감은 매우 중요해요. 다행히 책임감 기르기는 생각보다 쉬워요. 누가 시키지 않아도 스스로 선생님과 친구들을 돕는 것부터 시작해서 학교생활의 여러 일에 적극적으로 참여하다 보면 어느새 책임감이 자라난답니다.

심리학 박사님과 이야기 나누기

'컴포트존(안전지대)'이라는 말을 들어 본 적이 있나요? 컴포트존이란 편안하고 안정적이며 스트레스와 불안을 느끼지 않는 심리적 공간을 말해요. 사람이라면 누구나 자신이 익숙하고 잘 아는 컴포트존에 머무르고 싶어 합니다. 그런데 어려움에 도전하려면 이 컴포트존에서 나와야 해요. 그래서 도전이 힘든 것입니다. 컴포트존에서 벗어나는 것 자체가 불안하고 긴장되는 일이거든요. 그러나 여기 머무르기만 해서는 새로운 것을 배울 수도, 성장할 수도 없어요. 무언가를 배우고 성장하려면 반드시 컴포트존에서 벗어나 배움의 공간, 즉 '러닝존'으로 가야 합니다. 러닝존에서는 도전을 피할 수 없기 때문에 불편함이 느껴질 수 있어요. 하지만 그 과정에서 긴장과 스트레스를 극복하다 보면 자연스레 집중력이 높아지고 적응 능력과 정신력이 강해질 거예요.

사실 개인에게 가장 이상적인 상태는 러닝존에 머무는 것입니다. 어려운 과제를 포기하지 않고 억지로라도 러닝존에 머물며 일정 시간 이상 버티다 보면 어느새 '러닝존'이 새로운 '컴포트존'으로 변하기 때문이죠. 컴포트존이 많으면 많을수록 우리의 삶은 더욱 풍성하고 다채로워집니다. 우물 안 개구리가 더 넓은 세상을 경험하려면 어떻게 해야 할까요? 우물에서 나오는 수밖에 없어요. 사람도 마찬가지예요. 그러니 지금 당장 자신의 '컴포트존'에서 뛰쳐나와요. 언젠가는 용기를 낸 오늘의 자신에게 고마워하는 날이 올 것입니다.

 ## 새로운 것이 낯설고 무서운 나. 어떻게 해야 할까요?

Q. 학교 방과 후 특별 활동부에 스케이트보드반이 새로 생겼어요. 친구들은 앞다투어 신청하더라고요. 사실 나도 해 보고 싶긴 했는데 고민만 하다가 결국 신청하지 않았어요. 스케이트보드라는 게 낯설기도 하고, 잘 배울 수 있을지 자신이 없었거든요. 그러고는 나 자신에게 또 핑계를 댔죠. 이미 하고 있는 활동이 많아서 스케이트보드까지 할 시간은 없다고요. 핑계라고 말한 이유는 이번이 처음은 아니기 때문이에요. 나는 매번 내가 잘 모르는 일이나 물건을 보면 용기 있게 시도해 보기보다는 포기할 이유부터 찾아요. 하지만 막상 포기하고 나면 기분이 참 별로예요. 어떻게 해야 할까요?

A. 새로운 것을 대하거나 새로운 일을 시도할 때 호기심에 가득 차서 도전하기보다는 머뭇거리고 주저하는 친구가 많아요. 하지만 걱정할 필요 없어요. 충분히 그럴 수 있는 나이거든요. 새로운 것에 대한 호기심을 키우고 싶나요? 그렇다면 작은 생각부터 바꿔 봅시다.

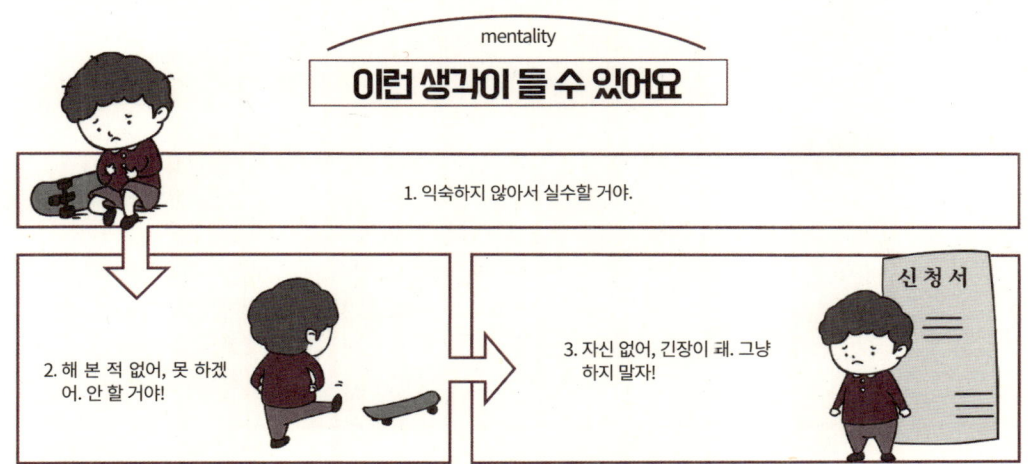

심리분석 & 힌트

1. 시도해 보지 않으면 낯선 것은 영원히 낯선 것일 수밖에 없어.

2. 낯설다고 시도조차 하지 않으면 어쩌면 내가 가질 수 있을지 모르는 능력 하나를 잃는 셈이야.

3. 새로운 것을 배운다는 건 어쩌면 새로운 친구를 사귈 새로운 기회일지도 몰라.

연습 & 설명

1 경험이 곧 삶이라는 생각 갖기

그래, 새로운 것을 시도하지 않고서 어떻게 삶의 재미를 알겠어?

경험이 곧 삶이라고 생각해 보아요. 경험은 우리의 생활을 더욱 다양하고 다채롭게 만들어 준답니다. 새로운 경험이라면 더더욱 그렇지 않을까요?

2 도전 정신 기르기

시간이 좀 걸릴 수는 있겠지만 결국 난 해낼 거야!

새로운 것을 시도하기가 겁나는 이유는 '낯설다'라는 사실에 지나치게 집중하기 때문이에요. 낯선 만큼 제대로 해내리라는 믿음이 없고, 그만큼 실패에 대한 두려움이 커지는 것이죠. 하지만 평소에 도전 정신을 기르면 새로운 것에 대한 거부감 대신 정복하고 싶다는 의욕과 도전하고 싶은 마음이 더 커진답니다.

3 새로운 것을 함께 체험하고 즐길 수 있는 친구 찾기

우리 같이해 보자!
같이하면 더 재미있을 거야!

컴포트존에서 나오려면 그에 걸맞은 동기가 있어야 해요. 때로는 마음 맞는 친구와 함께 도전하는 것이 강한 동기가 되기도 하지요. 그러니 새로운 일에 도전할 때는 친구와 함께해 보아요. 같이 도전하고 배우다 보면 혼자 할 때보다 더 큰 즐거움을 느낄 수 있어요. 이런 경험이 쌓이면 어느새 새로운 것에 대한 거부감이 사라질 거예요.

외부세계의 자극에 민감하고 자기보호 본능이 강할수록 새로운 것을 접하고 시도하는 일에 거부감을 느낄 가능성이 커요. 그렇다면 왜 외부 자극에 민감해지는 것일까요? 엄마가 임신했을 때 지나치게 긴장하거나 예민했기 때문일 수도 있고, 태어날 때 외부에서 강한 자극을 받았기 때문일 수도 있어요. 또는 어렸을 때 새로운 사물을 접하거나 새로운 일을 겪으면서 심한 불편함을 느낀 적이 있기 때문일 수도 있죠. 이런 체험과 경험이 더해지면 새로운 것을 접했을 때 자기보호 본능을 자극해서 불편함과 거부감을 느낄 수 있답니다. 하지만 생각해 보아요. 넘어질까 봐 걷지도 않고, 물에 빠질까 봐 수영도 안 하고, 손을 베일까 봐 과일도 깎지 않는다면 어떻게 될까요? 어쩌면 아무것도 못하는 사람이 될지도 몰라요. 처음 해 보는 일은 누구나 두렵고 불안해요. 하지만 두려움과 불안함을 이기고 과감히 시도한다면 생각한 것만큼 어렵지도, 힘들지도 않다는 사실을 깨닫게 될 거예요.

심리학 박사님과
이야기 나누기

07 점점 외톨이가 되는 나, 어떻게 해야 할까요?

Q. 나는 말수가 적은 편이에요. 원래도 그랬는데 요즘은 더 심해져서 학교에서도 꼭 필요한 말 말고는 거의 하지 않아요. 수업이 끝나면 곧장 집에 가고요. 아마 애들은 나를 친해지기 어려운 이상한 아이로 생각할 거예요. 벌써 알게 모르게 나를 피하는 것 같아요. 내성적인 성격이긴 하지만 외톨이는 아니었는데 요즘의 난 영락없는 외톨이예요. 어쩌면 좋을까요?

A. 내성적인 성격 탓에, 혹은 자신감이 부족한 탓에 다른 사람과 쉽게 친해지지 못하는 친구들이 있어요. 문제는 학교생활에서 친구관계가 차지하는 비중이 매우 크다는 점이에요. 스스로 바꾸지 않으면 상황이 더 나빠질지도 몰라요. 먼저 다가와 주는 친구가 있다면 좋겠지만 그렇지 않다면 갈수록 외톨이가 될 수밖에 없거든요. 만약 친구들과 이야기하고 어울리는 게 불편하다는 생각이 든다면 지금부터라도 다음의 몇 가지를 연습해 보아요.

mentality
이런 생각이 들 수 있어요

- 사람들과 대화하는 건 너무 긴장돼. 얼굴도 자꾸 빨개지고, 실수 연발이야. 차라리 말을 안 하는 편이 낫겠어.
- 쟤들이 나를 좋아하는지 싫어하는지도 모르는데 말 안 해도 괜찮겠지, 뭐.
- 아, 무슨 얘기를 해야 하지? 친구를 사귀는 건 피곤하고 귀찮아!
- 쟤들도 나한테 관심 없을 거야. 내가 뭐 잘난 게 있어야지.

심리분석 & 힌트

1. 사실 친구들과 아무 말도 하지 않는 건 너무 심심해. 먼저 다가가 보자.

2. 평생 다른 사람과 말 한마디 하지 않고 살 수는 없어. 게다가 혼자서는 할 수 없는 일이 너무 많아.

3. 친구들이 나와 친해지고 싶은지 아닌지 알지도 못하면서 지레 말문을 닫을 필요는 없어!

연습 & 설명

1 친구관계의 중요성 깨닫기

친구가 없으니 안 좋은 점이 정말 많구나.

친구를 사귀지 않아도 잠깐은 별문제가 없어요. 하지만 그런 기간이 길어지면 불편하고 안 좋은 점이 점점 더 많아진답니다. 친구 사귀는 것이 귀찮게 느껴진다면 스스로 위기의식을 가져야 해요. 다른 사람과 소통하지 않는 기간이 길어지면 아예 소통하는 능력을 잃고, 갈수록 폐쇄적으로 변하면서 결국 자신감까지 잃을 수 있기 때문이죠. 이에 따른 부작용 역시 만만치 않아요. 자신도 모르게 경쟁이나 여러 활동에 참여하는 것을 피하게 되면서 전체적인 학교생활과 학업에 부정적인 영향을 줄 수도 있답니다.

2 남에게 기대지 말고 스스로 말하는 습관 들이기

언제까지 부모님이 나 대신 말해 주실 수는 없어. 이번에는 내가 직접 말해 보자.

내성적인 친구 중에는 간혹 부모님이 자기 대신 말해 주는 데 익숙해진 나머지 스스로 나서서 말하기를 꺼리는 친구도 있어요. 이런 친구들은 무엇보다도 다른 사람에게 기대지 않고 스스로 말하는 연습을 해야 해요. 평생 누군가가 나를 대신해서 말을 해 줄 수는 없잖아요, 그렇죠? 앞으로는 부모님이나 친한 친구 등 다른 사람의 등 뒤에 숨지 말고 직접 나서서 말해 보아요.

3 내가 먼저 다가가기

친구들이 나를 무시하는 게 아니라 내가 너무 수동적인 것은 아닐까?

어떤 친구는 먼저 나서지 않고 다른 사람이 말 걸어 주기를 마냥 기다리기만 하는 수동적인 모습을 보이기도 해요. 그러다 아무도 말을 걸지 않으면 다들 자신을 무시한다고 생각하지요. 하지만 내가 남에게 말 걸기가 힘든 만큼 남도 나에게 말 걸기가 어려울 수 있답니다. 그러니 한 번쯤은 자신이 먼저 친구들에게 다가가 말을 걸어 보아요. 친구들이 나를 무시한 게 아니라 친구들도 나처럼 먼저 말을 걸 용기가 없었을 뿐이라는 사실을 깨닫게 될 거예요.

심리학 박사님과 이야기 나누기

친구에게 먼저 말을 걸기 싫거나 어렵다는 이유로 계속 혼자 지내기를 고집한다면 갈수록 나 홀로 공간에 갇히게 돼요. 이 공간은 우리를 외부세계와 멀어지게 하고, 단절시키며, 사람들과 어울리지 못하는 폐쇄적인 마음을 갖게 만들지요.

정상적이고 원만한 대인관계가 중요한 이유는 무엇일까요? 대인관계 이론의 선구자인 설리번이라는 심리학자는 안정적인 대인관계가 인격 형성에 매우 중요한 역할을 한다고 했어요. 즉, 좋은 대인관계를 통해서 안정적이고 긍정적인 인격을 가질 수 있다는 거예요. 반대로 오랜 기간 다른 사람과 제대로 된 인간관계를 맺지 못하면 인격이 오히려 퇴화한다고 주장했어요. 여기서 '인격'이란 각 사람이 가진 일정한 행동방식이자 타인과 사물을 대하는 습관적인 방식을 말해요. 개인의 심리적 특징이 종합적으로 나타난 것이죠. 정상적이고 원만한 대인관계가 우리에게 미치는 영향은 생각보다 훨씬 커요. 그러니 조금만 용기를 내서 먼저 친구들에게 다가가 손을 내밀고 말을 걸어 보아요. 때로는 경험이 성격을 바꾸어 놓기도 한답니다.

 ## 작은 일에도 너무 걱정이 많은 나, 어떻게 해야 할까요?

Q. 친구랑 일요일 오전 10시에 만나서 영화를 보기로 했어요. 평소 약속 장소에 일찍 도착하는 편인데, 그날은 길이 막혀서 15분 정도 늦었지요. 다행히 영화 보는 데는 문제가 없었지만 늦었다는 사실이 계속 신경 쓰이고 걱정됐어요. 어찌나 신경이 쓰이는지 영화가 무슨 내용인지도 모를 정도였어요. 정작 친구는 괜찮다고 했는데, 나는 대체 뭘 이렇게 걱정하는 걸까요?

A. 남들은 신경도 쓰지 않는 작은 잘못이나 실수를 그냥 넘기지 못하고 지나치게 걱정하는 이유는 무엇일까요? 바로 자기 자신에게 엄격하고 기준이 높기 때문이에요. 이런 사람일수록 작은 실수도 용납하지 못하고 스스로를 부정하거나 자신감을 잃기 쉽답니다.

mentality
이런 생각이 들 수 있어요

나처럼 시간 약속을 철저히 지키는 사람에게 이런 일이 벌어지다니!

친구는 괜찮다고 했지만 사실은 내가 시간 약속을 어겨서 화가 나 있을지도 몰라!

내 인생에 오점이 생겼어. 짜증 나!

심리분석 & 힌트

1. 걱정하면 마음이 조급해지고, 마음이 조급해지면 오히려 다른 실수를 또 하기 쉬워.

2. 작은 실수 정도는 대범하게 넘겨 버리자!

3. 걱정한다고 해결되는 일은 없어.

4. 매사에 완벽할 수는 없는 거야. 가끔 실수할 수도 있어.

연습 & 설명

1 중요한 일과 그렇지 않은 일 구분하기

작은 일에 너무 얽매이지 말자!

사소한 일로 걱정한다는 것은 어떤 일이 중요하고 어떤 일이 중요하지 않은지, 혹은 어떤 일을 우선해야 하는지 잘 알지 못한다는 뜻일 수 있어요. 예를 들어 약속 시간에 늦었다고 '인생에 오점이 생겼다'는 것은 지나친 생각이에요. 그 정도로 내 인생이 이상해지지는 않으니까요. 이미 벌어진 작은 실수 정도는 대범하게 넘겨도 괜찮답니다.

2 부정적인 입버릇을 최대한 줄이기

말에 이렇게 큰 힘이 있는 줄은 몰랐어. 앞으로 짜증 난다는 말은 하지 말아야겠다.

지금 나이에는 어떤 말을 하느냐에 따라 감정 상태가 달라질 수 있어요. 예를 들어 '짜증 나'라는 말을 입버릇처럼 하면 안 그랬다가도 정말로 짜증이 나고, 걱정되고, 화가 나는 등 불쾌한 감정이 생길 수 있답니다. 덩달아 자신감도 사라지고요. 이처럼 어떤 말을 하느냐에 따라 우리의 생각과 감정이 달라져요. 말에 얼마나 큰 힘이 있는지 깨닫고, '짜증 나'처럼 부정적인 입버릇을 최대한 줄이도록 해요.

3 모든 일에 '완벽'하려고 애쓰지 않기

모든 일을 완벽하게 하려다 보면 자연히 걱정과 근심이 많아져요. 완벽을 추구하면 스스로에게 가혹할 수밖에 없고, 결국 자신감에도 나쁜 영향을 미치게 돼요. 어떤 일의 결과가 원하는 만큼 나오지 않았다고 해도 지나치게 자책하지 말고, '그러면 좀 어때'라며 부정적인 생각을 되도록 빨리 털어 버려요.

사소하고 자잘한 일 때문에 걱정에 사로잡히는 것은 에너지 낭비입니다. 하지만 살다 보면 이런 상황이 종종 벌어지죠. 우리는 대체 왜 사소한 일로 걱정에 빠지는 걸까요? 또 어떻게 해야 그런 걱정에서 벗어날 수 있을까요? 이런 친구들을 위해 엘리스 박사님의 '합리적 정서행동치료'를 소개합니다.

합리적 정서행동치료는 'ABC치료'라고도 해요. 여기서 A는 객관적으로 벌어진 사건(activating events)을 말하고, B는 사건에 대한 나의 비합리적 생각(irrational belief)을 말하며, C는 그에 따른 나의 정서적 반응(consequence)을 말해요. 심리학에서는 객관적 사건(A)이 아니라 그에 대한 생각(B)이 어떠한가에 따라 정서적 반응(C)이 생겨난다고 봅니다. 그런데 만약 B에 문제가 있으면 전혀 걱정할 필요가 없는 일도 심각하게 받아들이게 되고, 결국 별것 아닌 사소한 일까지 걱정할 수밖에 없는 상태가 되죠. 이런 상태가 계속되면 결국 마음의 건강을 해치게 된답니다. 따라서 문제를 해결하는 가장 좋은 방법은 이미 벌어진 사건을 바꾸려 하는 게 아니라 사건에 대한 나의 태도와 생각을 바꾸는 거예요.

심리학 박사님과 이야기 나누기

중요한 순간에 실력 발휘를 못하는 나, 어떻게 해야 할까요?

Q. 평소 쪽지시험은 잘 보는데, 이상하게 정작 중요한 시험만 보면 실력 발휘를 못하고 망치기 일쑤예요. 선생님은 내가 마음이 강하지 못해서라고 하시던데 정말 그런가요? 어떻게 해야 나아질 수 있을까요?

A. 중요한 순간에 실력 발휘를 못하고 실수하는 것은 이 나이대 친구들이 겪기 쉬운 문제예요. 선생님이 말씀하신 '마음이 강하지 못하다'라는 말은 사실 자신감이 부족하다는 뜻으로 이해할 수 있어요. 중요한 순간에는 평소보다 스트레스를 더 받을 수밖에 없는데, 이때 자신감이 부족하면 스트레스로 말미암아 오히려 집중력이 떨어지면서 제대로 실력 발휘를 못하게 되는 거예요. 하지만 너무 걱정하지 말아요. 연습을 통해 마음을 강하게 만들면 중요한 순간에 실수하는 일을 얼마든지 줄일 수 있어요.

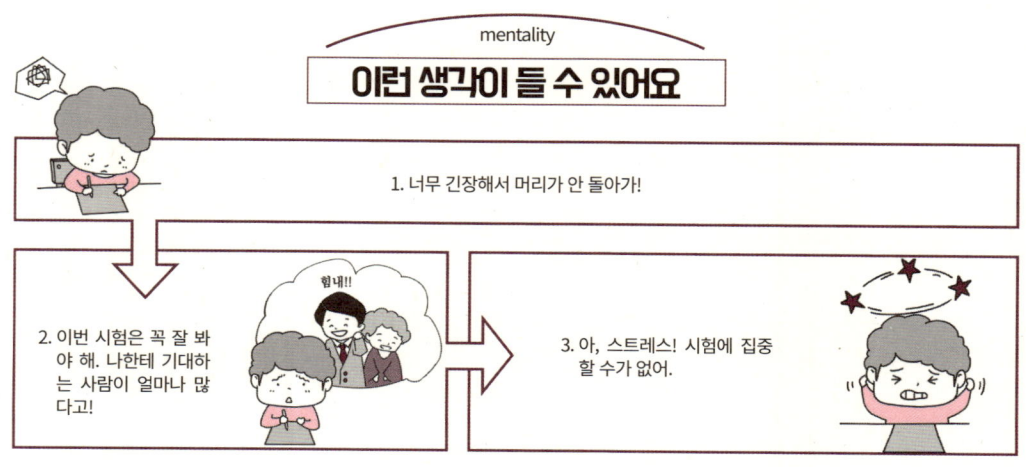

mentality
이런 생각이 들 수 있어요

1. 너무 긴장해서 머리가 안 돌아가!
2. 이번 시험은 꼭 잘 봐야 해. 나한테 기대하는 사람이 얼마나 많다고!
3. 아, 스트레스! 시험에 집중할 수가 없어.

심리분석 & 힌트

1
기준을 너무 높게 잡지 말자. 아무리 중요한 시험이라도 평소 실력만 발휘할 수 있다면 충분히 성공한 거야!

2
눈앞에 닥친 일에만 집중하자. 너무 많이 생각하는 건 금물이야!

3
평소보다 더 중요할 뿐이지, 더 어려운 시험은 아니야. 긴장할 필요 없어!

연습 & 설명

1 결과에 대한 기대를 낮추고 스트레스 줄이기

힘내자. 지난번보다 아주 조금만 더 잘 봐도 돼!

실력 발휘를 못하는 이유는 스트레스가 너무 크기 때문이에요. 그러면 어떻게 해야 스트레스를 줄일 수 있을까요? 가장 직접적이고 쉬운 방법은 결과에 대한 기대를 확 낮추는 거예요. 평소에 이렇게 생각하는 거예요.
'그래봤자 겨우 시험일 뿐이야. 시험 한 번 못 본다고 망하지는 않아. 난 그저 최선을 다해 노력하면 돼!'

2 도전 정신 기르기

내가 겁낼 줄 알아? 이 정도쯤은 끄떡없다고!

도전 정신을 기르려면 자신을 응원하고 마음을 다스리는 법을 배워야 해요. 여기서 도전 정신이란 자기 실력을 뛰어넘는 대단한 결과를 이루겠다고 마음먹는 게 아니에요. 평소 실력만 충분히 발휘할 수 있어도 된답니다. 과정이 아니라 결과, 그것도 가장 좋은 결과를 얻는 데 집착하면 일이 오히려 원하는 방향과 반대로 흘러가기 쉬워요.

3 일의 본질에 집중하며 임기응변하기

내가 걱정하는 일들을 종이에 써 보자!

스트레스를 너무 많이 받으면 집중력이 떨어지고 제대로 실력 발휘를 할 수 없어요. 이럴 때는 잠시 신경을 다른 곳으로 돌리는 등 임기응변이 필요해요. 마음속으로 노래를 흥얼거리거나 한곳을 바라보며 정신을 집중했다 풀기를 반복해 보아요. 걱정거리를 종이에 적는 것도 긴장을 줄이는 좋은 방법이랍니다.

심리학 박사님과 이야기 나누기

미국에 댄 잰슨이라는 스케이팅 선수가 있었어요. 그는 평소 훈련 때는 매우 뛰어난 기량을 선보였지만 이상하게도 중요한 시합만 나가면 실수를 하고 순위권 밖으로 밀려났답니다. 결국 잰슨은 심리학자들에게 도움을 청했어요. 심리학자들은 그가 스트레스에 매우 약할 뿐만 아니라 이를 잘 이겨 내지 못한다고 진단했어요. 다시 말해 운동 실력은 뛰어나지만 마음이 그만큼 단단하지 못한 탓에 정작 실력을 발휘해야 할 때 긴장하고 굳어 버린다는 거예요.

많은 사람이 비슷한 문제로 고민합니다. 중요한 순간일수록 스스로 잘해야 한다는 기대감과 압박감, 긴장 때문에 심리적 부담이 커지면서 오히려 제 실력을 제대로 발휘하지 못하는 사람이 의외로 많아요. 위에 소개한 훈련 방법을 써서 자신의 마음을 단단하고 강하게 만들어 보아요. 마음만 강해진다면 더 이상 긴장과 스트레스 때문에 실력 발휘를 하지 못하는 일은 없을 거예요.

 ## 책임을 맡기 싫은 나, 어떻게 해야 할까요?

Q. 축구부에서 이번에 주장을 뽑았는데 다들 나를 추천했어요. 주장이 평소에 하는 일은 훈련 장소와 시간을 공지하고 모두에게 연락하는 거예요. 시합이 생기면 그에 대한 내용도 팀원 모두에게 일일이 알려 줘야 해요. 나는 내가 맡아야 할 책임이 너무 크다고 느꼈고, 결국 거절했어요. 사실 이런 일이 처음은 아니에요. 다른 단체 활동에서도 책임을 맡기가 싫어서 뒤로 뺄 때가 많아요. 책임을 맡기 싫다는 것은 그만큼 리더의 자질이 없다는 뜻 아닐까요? 계속 이래도 괜찮은 건지 모르겠어요.

A. 단체 활동에서 책임 맡기를 싫어하는 이유는 그만큼 자신감이 부족하기 때문이에요. 반대로 과감히 책임을 맡다 보면 자신감을 기르는 데 큰 도움이 되지요. 그러니 무조건 피하지 말고 한번 도전해 보면 어떨까요?

심리분석 & 힌트

1. 나뿐만 아니라 다른 친구들도 각자에게 맞는 역할과 책임이 있어.

2. 성과는 팀 전체가 함께 누리는 것이지만 그러려면 먼저 각자가 마땅한 책임을 맡아야 해.

3. 내가 피하지 않고 솔선수범해서 책임을 맡아 일을 잘 해낸다면 앞으로 친구들이 나를 더욱 신뢰할 거야.

연습 & 설명

1 팀워크 정신 기르기

팀을 책임지는 것이 곧 나를 책임지는 거야!

평소 팀워크 정신을 기르려고 의식적으로 노력해 보아요. 가족도 팀이고, 숙제를 위해 모인 조도 팀이고, 축구부도 팀이에요. 그런데 모두가 책임을 지기 싫어한다면 어떻게 될까요? 어떤 팀이든 결국 산산조각이 날 거예요. 우리는 언제나 '팀'에 속해서 살아가게 마련이에요. 팀을 위해 책임을 지는 것이 곧 나를 책임지는 거랍니다.

2 책임감 기르기

내가 먼저 솔선수범하니까 기분이 좋네. 앞으로도 계속 이렇게 하자!

책임감을 기르려면 오랜 기간 꾸준한 노력과 연습이 필요해요. 만약 스스로 책임감이 너무 약하다고 느낀다면 지금부터라도 의식적으로 책임감을 기르려고 노력해 보아요. 주변에 관심을 갖고 내가 먼저 솔선수범하다 보면 책임감이 조금씩 자라날 거예요.

3 자기가치 실현하기

내가 팀에서 이렇게 중요한 사람이라니, 좋다! 힘내자!

팀 활동은 자기가치를 실현할 가장 좋은 기회라고 할 수 있어요. 자신에게 맡겨진 책임을 다하며 여러 사람과 힘을 합쳐 목표를 이루어 나아가다 보면 자신이 팀에 얼마나 중요한 존재인지를 느끼게 될 뿐만 아니라 자신감도 생긴답니다. 그 과정이 얼마나 재미있고 기쁜지는 경험해 본 사람만 알 수 있어요. 그러니 더 이상 주저하지 말고 과감히 뛰어들어요!

심리학 박사님과 이야기 나누기

'책임의 분산' 혹은 '책임감 분산 효과'라는 개념이 있어요. 여러 사람이 모였을 때 개인의 책임감이 약해지는 현상을 말해요. 하나의 임무를 모두가 함께 완수해야 하는 상황에서는 책임이 나눠지기 때문에 개인이 느끼는 책임감이 상대적으로 적어져요. 그렇다 보니 각자 행동을 줄이고 적극적으로 반응하지 않는 모습이 나타난답니다. 혹시 이런 뉴스를 본 적 있나요? 어떤 사람이 번화가에서 갑자기 발작이 일어나 쓰러졌는데, 그 모습을 목격한 주변의 수많은 사람 중 단 한 사람도 구급차를 부르지 않아 결국 죽고 말았다는 뉴스 말이에요. 얼핏 이해하기 힘들지만 이 역시 책임감 분산 효과 때문에 벌어진 일이에요. 주변에 사람이 많았기에 오히려 '누군가가 도와주겠지', '누군가가 신고하겠지'라며 서로 책임을 미룬 것이죠. 다시 말해 쓰러진 사람을 도와야 한다는 책임이 사람들에게 분산되면서 개인 한 사람이 느끼는 심리적 부담이 크게 줄어든 셈이에요. 심지어 자신에게 책임이 있다는 사실조차 깨닫지 못했을 가능성이 커요. 그래서 결국 모두가 방관자, 구경꾼이 되어 버린 것이랍니다.

단체 활동을 할 때 적극적으로 나서거나 노력하지 않는 친구들이 있는데, 이 역시 책임감 분산 효과 때문이에요. 이를 '사회적 태만'이라고도 하죠. 하지만 모두가 책임을 피하기만 한다면 과연 단체 활동은 어떻게 될까요? 목표를 이룰 수 있을까요? 나부터가 '사회적 태만'에서 벗어나 용감하게 책임을 맡아야만 내가 속한 단체가 더욱 화목하게 성장할 수 있다는 사실을 꼭 기억해요.

11 아는 사람이 없으면 불안한 나, 어떻게 해야 할까요?

Q. 주말에 독서 발표 활동을 하는데 어쩌다 보니 내가 첫 번째 발표자가 됐어요. 원래는 친한 친구랑 함께 가기로 했는데, 갑자기 일이 생겨서 못 간다지 뭐예요? 친구가 못 간다니까 나도 가기 싫어졌어요. 아는 사람이 한 명도 없을까 봐 겁이 났거든요. 하지만 내가 발표자라 무작정 안 갈 수도 없어요. 어쩌면 좋을까요?

A. 사람이 북적이는 낯선 곳에서 아는 친구가 한 명도 없을 때 불안해지고 안절부절못한 경험이 있나요? 물론 누구나 그럴 수 있어요. 하지만 정도가 심하다면 내가 남에게 지나치게 의존하고 있지는 않은지 생각해 보아야 해요. 자신도 모르게 남에게 의지하는 친구가 참 많은데, 이런 친구들은 무엇보다 혼자 있을 수 있는 힘을 길러야 해요.

1
아는 사람이 있어야만 편안해지는 것도 습관이야. 아는 사람이 없어도 편안할 수 있는 습관을 들이자.

2
항상 친구와 같이 갈 수는 없어. 게다가 앞으로는 함께할 수 있는 일보다 혼자 해야 하는 일이 훨씬 더 많을 거야.

3
어쩌면 이번이 새로운 친구를 사귈 수 있는 기회인지도 몰라!

심리분석 & 힌트

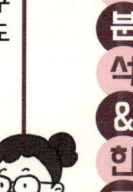

연습 & 설명

1 훌쩍 성장하는 순간 만들기

나도 이제 다 컸어. 엄마 아빠, 친한 친구와 함께 있는 것이 행복하기는 하지만 그렇다고 너무 의지하지는 말자!

자라다 보면 '갑자기 성장하는' 순간이 몇 번이고 찾아와요. 이럴 때는 스스로도 '훌쩍 컸다'고 느끼게 되죠. 남에게 기대지 않고 혼자 있을 수 있게 되는 순간도 그중 하나예요. 엄마 아빠나 친한 친구가 같이 있지 않아도 더 이상 긴장되지 않을 때, 정말로 훌쩍 컸다고 말할 수 있어요. 이 점을 알면 아는 사람이 없는 상황도 불안해하지 않고 받아들일 수 있게 된답니다.

2 혼자 있을 수 있는 힘 기르기

책을 보면 마음이 차분해지고 혼자서도 심심하지 않아.

아는 사람이 없는 상황에서 쉽게 불안을 느끼는 친구들은 무엇보다 혼자 있을 수 있는 힘을 길러야 해요. 어떤 친구는 혼자일 때 무엇을 해야 할지 몰라 우왕좌왕하는데, 그만큼 혼자 있을 수 있는 힘이 부족한 거예요. 혼자 있을 수 있는 힘을 기르고 싶다면 책 읽는 습관을 들여 보아요. 독서라는 취미가 있으면 혼자인 상황에서도 더 이상 심심하거나 불안하지 않아요.

3. 컴포트존에서 스스로 나오기

이 정도 일은 나 혼자서도 할 수 있어.

혼자여도 괜찮아!

무슨 일을 하든 아는 사람이 있어야 한다면 여태껏 자신이 머물러 온 컴포트존에서 벗어나야 한다는 신호일 수 있어요. 먼저 작은 것부터 시작해요. 엄마 아빠가 같이 가 주시겠다고 하면 거절하고 "혼자서 갈게요", "혼자 할 수 있어요"라고 말해요. 그렇게 조금씩 한 발짝 한 발짝 나아가다 보면 혼자 있는 것이 더 이상 두렵지 않은 때가 올 거예요.

심리학 박사님과 이야기 나누기

사람은 누구나 안정적인 것을 좋아해요. 안정감은 대개 익숙한 사람에게서 얻을 수 있어요. 그러니 낯선 사람보다는 익숙한 사람과 함께하기를 좋아하는 것도 당연해요. 특히 낯선 환경에서는 더더욱 그렇죠. 하지만 커 갈수록 혼자서 해야 하는 일, 혼자서 직면해야 하는 상황이 더 많아지게 마련이에요. 그렇기 때문에 스스로 안정감을 찾는 연습이 무엇보다 필요하답니다.
생각해 보아요. 내가 태어났을 때는 익숙한 사람이 엄마뿐이었는데, 지금은 엄마 말고도 익숙한 사람이 얼마나 많은가요? 그런데 그 사람들은 어떻게 내게 익숙한 사람이 되었죠? 사실 지금 익숙한 사람도 처음에는 다 낯선 사람이었어요. 안 그런가요? 이처럼 낯선 사람이 익숙한 사람으로 변해 가는 과정을 이해하면 낯선 사람에 대한 거부감과 익숙한 사람에 대한 의존에서 벗어날 수 있답니다.

어른이 대신 해 주기를 바라는 나, 어떻게 해야 할까요?

Q. 부모님은 내게 늘 "넌 공부만 잘하면 돼"라고 하세요. 그러면서 먹는 것이며 입는 것, 자는 것까지 모두 돌봐 주시죠. 처음에는 그게 당연하고 편했는데 요즘 들어 '과연 이래도 괜찮은가?' 하는 생각이 들어요. 엄마 아빠가 없으면 혼자 어떻게 살 수 있을까 싶고요. 더 걱정되는 점은 공부 외에 다른 일은 혼자 할 엄두가 안 나서 자꾸 부모님이나 선생님께 기대게 된다는 거예요. 어쩐지 자신감도 자꾸 떨어지는 것 같아요.

A. 사실 공부와 생활은 연결되어 있어요. 스스로 할 수 있는 능력과 독립심이 없으면 자신감이 떨어지고, 자신감이 떨어지면 공부에도 나쁜 영향을 미치게 마련이죠. 어려운 일이 생겼을 때는 도와달라고 해도 되지만 모든 일을 어른이 다 해 주기를 바라는 것은 아주 나쁜 버릇이에요. 이런 버릇을 고치지 못하면 나중에 커서도 자기 일 하나 제대로 처리하지 못하는 반쪽짜리 어른이 될 수 있어요.

mentality
이런 생각이 들 수 있어요

급한 일도 아니고, 기다리면 엄마 아빠가 해 주시겠지. 그냥 있자.

아우, 귀찮아. 어떻게 해야 할지도 모르겠어. 엄마 아빠한테 맡기자.

이런 일은 내가 걱정할 필요 없어.
난 그냥 공부만 열심히 하면 돼!

난 아직 어려서 할 줄 모르는 게 많아.
나중에 크면 저절로 하게 되겠지.

심리분석 & 힌트

1. 실제 생활하는 능력이 없으면 공부를 아무리 잘해도 헛똑똑이일 뿐이야.

2. 전부 다른 사람이 대신 해 주다 보면 난 아무 일도 할 줄 모르는 바보 같은 사람이 될 거야.

3. 어려운 일은 어른에게 도와달라고 해도 되지만 모든 일을 그렇게 해서는 안 돼.

연습 & 설명

1 어른에게 도와달라고 해야 할 일과 스스로 해야 할 일 구분 짓기

좋아, 부모님과 이야기해서 이런 일은 도와주지 말고 나 스스로 할 수 있게 해 달라고 하자.

부모님, 선생님에게 도움을 청해야 할 일과 혼자 해야 할 일을 구분해 보아요. 작은 일부터 하나씩 스스로 결정하고 해 보는 경험을 쌓는 게 좋아요. 먼저 부모님에게 최대한 도와주지 말아 달라고 말씀을 드린 후, 혼자서 할 수 있는 일을 점점 늘려 나아가다 보면 저절로 독립심과 생활 능력이 길러진답니다.

2 자기의 일은 스스로 하기

어떻게 하는지 가르쳐 달라고만 하고, 내가 할 수 있는 일은 스스로 하자.

지금부터 자기의 일은 스스로 하기로 해요. 엄마 아빠와 선생님께는 어떻게 해야 하는지 방법만 물어보고, 자신이 직접 손을 움직이고 머리를 써서 스스로 해 보아요. 혼자 할 수 있는 일이 늘어날수록 자신감이 쑥쑥 자랄 거예요.

3 여름 캠프 가기

그래, 결심했어! 여름 캠프에 가는 거야!

학교나 학원에서 마련한 여름 캠프에 가는 것도 좋은 방법이에요. 잠시나마 부모님과 떨어져 스스로 생활하는 경험을 할 수 있기 때문이죠. 이러한 경험을 통해 무조건 남에게 의지하던 습관을 고칠 수 있을 뿐만 아니라 여러 유용한 생활의 기술을 배울 수 있답니다.

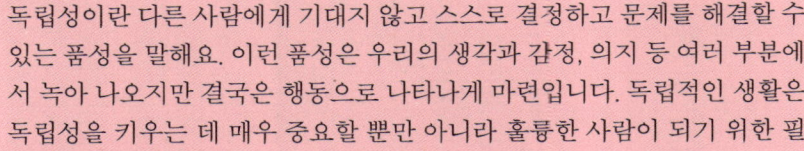

심리학 박사님과 이야기 나누기

독립성이란 다른 사람에게 기대지 않고 스스로 결정하고 문제를 해결할 수 있는 품성을 말해요. 이런 품성은 우리의 생각과 감정, 의지 등 여러 부분에서 녹아 나오지만 결국은 행동으로 나타나게 마련입니다. 독립적인 생활은 독립성을 키우는 데 매우 중요할 뿐만 아니라 훌륭한 사람이 되기 위한 필수 조건이기도 해요.

하루하루 자랄수록 우리는 조금씩 더 사회로 들어가게 됩니다. 사회에서 개인은 자신의 일과 문제를 스스로 처리할 수 있어야 해요. 그러려면 독립적으로 생활할 능력이 반드시 필요하지요. 그래야 끊임없이 변하는 사회에 적응할 수가 있거든요. 자, 이제 부모님과 선생님에게 "내가 할 수 있어요", "혼자서 해 볼게요"라고 말해 보아요. 연습과 훈련을 통해 혼자 할 수 있는 일이 많아지면 더욱 자신감 넘치고 당당한 어린이가 될 수 있답니다.

★ 좌절해도 포기하지 않아요!

★ 친구가 괴롭혀요!

자신감을 기르려면 더 많은 상황을 겪고 실천하는 경험이 필요해요.
계속 읽어 봐요!

13 낯선 환경에서 너무 긴장해요

Q. 여름 수련회에 갔는데 낯선 환경, 낯선 친구들, 낯선 선생님을 보자 갑자기 너무 긴장이 됐어요. 머릿속에서는 '이럴 줄 알았으면 오지 말걸' 하는 생각만 계속 맴돌고요. 하지만 이미 와 버린 이상 어쩌겠어요. 얼른 이 낯선 환경에 적응해야죠. 최소한 긴장이라도 좀 덜했으면 좋겠는데 어쩌면 좋을까요?

A. 누구나 낯선 것을 두려워할 수 있어요. 낯선 환경에서 긴장하는 것은 당연한 정서적 반응이랍니다. 이 문제를 해결하려면 먼저 스스로 다스릴 줄 알아야 하고, 또 평소에 일부러 낯선 환경에서 여러 가지를 체험하고 해결하는 경험을 쌓아야 해요. 이런 경험이 쌓이면 낯선 환경에 놓여도 자연스럽게 자신감을 가질 수 있답니다.

심리분석 & 힌트

1. 나는 좀 늦게 발동이 걸리는 타입인가 봐. 조금 익숙해지면 금방 괜찮아질 거야.

2. 이미 와 버렸는데 긴장해 봤자 무슨 소용이겠어? 좋아, 일단 마음을 가라앉히자.

3. 이번에 잘 해낸다면 다음번에 또 낯선 환경을 만나도 잘 해낼 수 있을 거야.

연습 & 설명

1 새로운 활동 참가 전에 미리 마음을 다잡기

거기서 벌어질 수 있는 상황을 미리 예상해 보고 마음의 준비를 단단히 해 두자.

낯선 환경에 대해 미리 충분히 예상해 두지 않았다면 긴장감이 높아질 수 있어요. 마음의 준비는 언제나 중요하답니다. 준비가 되어 있으면 불안이 줄어들고 확신이 생기며, 긴장감도 그만큼 사라져요. 그러니 여름 수련회 등 새로운 활동에 가기로 했다면 예상되는 여러 상황을 미리 생각해 보면서 충분한 마음의 준비를 해요.

2 '지금은 익숙한 것도 처음에는 낯설다'라는 사실 기억하기

지금 친한 친구도 처음에는 다 낯선 애였잖아. 당장은 낯설어도 결국은 모두가 익숙해질 거야.

새로운 것이 두렵다면 자신이 그만큼 익숙한 환경과 사람에게 의존하고 있다는 뜻일지도 몰라요. 하지만 지금 익숙한 사람과 환경도 처음에는 다 낯선 사람, 낯선 환경이었답니다. 새로운 친구를 만나고 새로운 것을 알려면 낯섦을 습관적으로 거부하고 무서워하는 마음부터 내려놓아야 해요.

3 노력으로 부족한 점 보완하기

긴장된다고 무조건 도망치기만 할 수는 없어.
지금 이 상황을 스스로 훈련하고 성장하는 기회로 삼자!

때로는 전통적인 방법이 가장 효과적이에요. 바로 노력으로 부족한 점을 보완하는 것이죠. 일부러 낯선 환경에 뛰어들어 적응하는 훈련을 하다 보면 어느 순간 더 이상 긴장하지 않는 자신을 발견할 거예요.

심리학 박사님과 이야기 나누기

새로운 환경에서 긴장하는 것은 매우 정상적인 반응입니다. 낯선 곳, 낯선 사람 사이에서는 누구나 불안함을 느끼게 마련이죠. 사실 이는 생존본능과도 밀접한 관련이 있어요. 외부세계의 자극, 환경의 갑작스런 변화로부터 오는 어려움 등을 예상하고 경계태세를 갖추는 셈이니까요. 이는 스스로를 보호하고 발전을 꾀하는 데 필수 과정이기도 합니다. 그래서 정상적인 긴장감은 걱정할 필요가 없을 뿐 아니라 금방 해결할 수 있어요. 자신이 왜 긴장하는지, 그 이유를 찾고 충분한 대처와 준비를 하면 됩니다. 스스로 마음을 다스릴 수 있다면 낯선 환경에서 느낄 수 있는 심리적 압박감이 크게 줄어들어요. 그밖에 일부러 낯선 환경과 낯선 사람을 자주 접하면서 새로운 것에 적응하고 새로운 사람과 사귀는 법을 계속 연습하는 것도 좋은 방법이에요. 이처럼 적응 능력과 스트레스를 견디는 능력을 기르면 어떠한 환경에서도 당황하지 않고 적절히 대처할 수 있답니다.

 **좌절을 겪으면 포기해 버려요**

Q. 얼마 전에 반 아이들에게 먼저 같이 놀자고 말했다가 거절당했어요. 그 순간 엄청 좌절감이 느껴지면서 주눅이 들더라고요. '다시는 같이 놀자고 하지 말아야지' 하고 결심까지 했어요. 또 거절당하는 게 두렵거든요. 그렇다고 친구를 사귀고 싶지 않은 것은 아니에요. 하지만 먼저 다가가기가 무서워요. 어쩌면 좋죠?

A. 용기 내서 먼저 놀자고 했는데 거절당했다니, 얼마나 마음이 상했을까요. 하지만 한 번 좌절을 겪었다고 포기해 버리는 것은 결코 현명한 행동이 아니에요. 살다 보면 갖가지 모양의 좌절을 수없이 겪게 돼요. 그때마다 좌절에 굴하지 않고 극복하는 경험을 쌓으면 오히려 더욱 강하고 자신감 넘치는 자신으로 한 뼘 더 성장할 수 있답니다.

이런 생각이 들 수 있어요

1. 앞으로는 먼저 다가가지 않을 거야. 친구 좀 없으면 어때!

2. 충격이 너무 커, 부끄럽기도 하고……. 포기할래!

3. 나도 알아, 포기하는 게 답은 아니라는 거. 하지만 어떡해? 다른 방법이 없는걸!

심리분석 & 힌트

1 왜 아이들이 나와 놀지 않겠다고 했을까? 나 자신을 먼저 돌아보자.

2 거절당하는 것도 좋은 경험이야. 마음의 예방주사를 맞은 셈 치자.

3 나와 놀기 싫다고 거절할 수도 있어. 나도 다른 친구에게 그런 적 있잖아? 넓게 생각하자!

연습 & 설명

1 좌절을 웃어넘기는 법 배우기

자기 자신을 응원하고 위로할 줄 알면 그 어떤 좌절도 웃으며 넘길 수 있어. 이건 정말 대단한 능력이야!

사소한 좌절에 너무 집착하지 마세요. 자신을 응원하고 위로하는 법을 알면 얼마든지 웃으며 넘길 수 있답니다. '재랑 못 놀면 다른 친구와 놀면 돼, 나랑 친구가 되고 싶다는 애들 많아!'라고 자신에게 말해 보아요. 상황을 보고 해석하는 눈이 달라질 거예요.

2 강인한 의지 기르기

등산하며 의지력을 기르자!

어떤 일이든 도중에 포기하지 않고 끝까지 해내는 습관을 길러야 해요. 스스로 의지력을 다질 기회를 만들어 보아요. 등산은 어때요? 끝까지 견디고 해내는 경험이 쌓이면 좌절해도 크게 타격을 받지 않는답니다.

3 주변 사람에게 솔직히 말하고 도움과 위로 구하기

친구들에게 나의 고민을 솔직히 말하고 친구들의 생각을 들어 보자. 새로운 아이디어가 떠오를지도 몰라.

또래관계는 매우 중요해요. 어딘가에 속해 있다는 안정감뿐만 아니라 자신이 사랑하고 사랑받고 또 누군가에게 필요한 존재라는 실감을 얻을 수 있기 때문이죠. 만약 좌절을 겪었다면 친구들에게 솔직히 말해 보아요. 따뜻한 위로를 받으며 친구들의 생각을 듣다 보면 어느새 좌절을 이겨 낼 용기가 생길 거예요.

심리학 박사님과 이야기 나누기

살다 보면 인간관계에서 크든 작든 거절을 경험하게 됩니다. 그리고 거절당한 경험은 우리의 마음에 흔적을 남기고, 때로는 상처를 주지요.
심리학 박사 가이 윈치에 따르면 좌절로 말미암은 상처에는 자존감의 상처와 귀속감의 상처가 있다고 해요. 자존감의 상처는 일의 결과로, 나 자신을 평가할 때 생겨요. 상대가 거절한 대상은 어떤 '일'인데, 그게 아니라 바로 나라는 사람 자체를 거절하고 부정했다고 받아들이는 것이죠. 이처럼 '사건에 대한 행동이 곧 나에 대한 행동'이라는 사고방식을 가진 사람은 자존감에 상처를 입기 쉽습니다. 귀속감의 상처는 거절로 말미암아 자신이 배척당했다는 느낌을 받는 경우를 가리켜요. 어쨌든 둘 다 정확하고 객관적인 생각은 아니기에 우리를 쉽게 부정적인 감정에 빠지게 만들고, 이후에 신뢰 넘치고 굳건한 인간관계를 맺는 데도 나쁜 영향을 줄 수 있어요. 따라서 제일 먼저 내가 왜 상처를 받았는지 근본적인 원인을 따져 보는 게 중요해요. 이렇게 하면 거절을 객관적으로 정확하게 볼 눈이 생기고 좌절에 의연하게 대처하는 용기도 길러진답니다.

 ## 실패를 잘 받아들이지 못해요

Q. 학교 응원단에서 새로 치어리더를 뽑는다기에 지원했는데 결국 떨어졌어요. 그런데 기대가 너무 컸던 탓인지, 아니면 정말로 열심히 노력한 탓인지 떨어졌다는 결과를 받아들이기가 힘들어요. 이미 정해진 결과를 받아들이지도, 실패했다는 실망감에서 벗어나지도 못하는 나. 어떻게 하면 좋을까요?

A. 사람은 누구나 살면서 실패를 경험해요. 하지만 그만큼 성공도 경험하지요. 실패 자체는 두려워할 필요가 없지만 실패에서 벗어나지 못하는 것은 심각한 문제예요. 먼저 결과를 있는 그대로 받아들인 후 실패한 원인을 분석하고 자신의 부족함을 찾아내서 고치고 보완해요. 이렇게 하면 똑같은 실수를 반복하지 않을 뿐만 아니라 더 멀리 앞으로 나아갈 힘을 얻을 수 있어요.

심리분석 & 힌트

1. 비록 실패했어도 준비하면서 더 나아진 내가 됐잖아. 이런 나를 칭찬하자.

2. 이번 경험을 발판으로 다음에 더 좋은 결과를 이루면 돼.

3. 성공만 하거나 실패만 하는 사람은 없어. 성공만큼 실패도 잘 받아들이는 법을 배워야 해.

4. 이번에는 실패했지만 다음에는 성공할지도 몰라!

연습 & 설명

1 실패를 담담히 받아들이는 마음의 힘 기르기

이기고 지는 것은 병가지상사라는 말이 무슨 뜻인지 이제 알겠네.

'이기고 지는 것은 병가지상사'라는 말은 누구나 실패할 수 있다는 뜻이에요. 절대 실패하지 않는 사람은 없어요. 따라서 아예 실패하지 않으려 애쓰기보다는 실패도 담담히 받아들이는 마음을 기르려 노력하는 게 훨씬 중요하답니다. 평소 자신이 할 수 있는 일을 찾아 성공의 경험을 쌓는 동시에 실패를 담담히 받아들일 수 있는 마음을 다져 보아요. 그러면 또다시 실패하더라도 '나는 할 수 있다'라는 긍정적인 생각을 끝까지 지킬 수 있어요.

2 부모님의 실패 경험담 듣기

엄마 아빠도 이런 실패를 겪은 적이 있구나.

부모님에게 실패 경험담을 들려달라고 해요. 서로의 경험을 나누면서 공감대를 만들다 보면 실패에 훨씬 의연하게 대처할 수 있답니다.

3 실패에서 교훈 얻기

실패는 배우는 과정이야. 실패를 잘 연구하면 다음번에는 성공할 수 있어!

똑같이 실패해도 실패를 대하는 태도에 따라 얻는 것이 달라져요. 실패를 배움의 과정으로 보고 선생님 혹은 부모님과 함께 원인을 분석하며 교훈과 주의할 점을 발견하면 실패 자체가 귀중한 경험이 된답니다. 더불어 자신감도 강해질 수 있어요!

심리학 박사님과 이야기 나누기

실패를 받아들이지 못하는 것은 본질적으로 자신의 능력이나 타인의 평가와 아무런 관련이 없어요. 자신에게 기대하는 바가 많은 사람일수록 실패를 인정하지 못하는 모습을 보인답니다. 이런 심리적 한계를 벗어나려면 먼저 정확한 인식을 가져야 해요. 실패를 있는 그대로 받아들이고, 이를 기반으로 관심과 주의력을 실패 자체와 타인의 평가가 아니라 목표에 집중해야 해요. 이렇게 하면 부정적인 자기제한을 극복할 수 있답니다.

'이기고 지는 것은 병가지상사'라든지 '실패는 성공의 어머니'라는 말을 들어 봤을 거예요. 첫 번째 말은 어떤 일이든 성공과 실패의 확률이 똑같이 존재한다는 의미예요. 따라서 무조건 성공만 생각하지 말고, 실패할 가능성이 분명히 존재한다는 사실을 똑바로 보고 인정해야 해요. 그래야 실패했을 때 그것을 담담히 받아들일 수 있답니다. '내 인생에 실패란 없어!'라고 생각하는 사람일수록 실패를 잘 받아들이지 못해요. 두 번째 말은 단순히 실패를 인정하는 데 그치지 말고 반드시 원인과 해결 방법, 교훈을 찾아 얻음으로써 실패를 성공의 발판으로 삼으라는 뜻이에요. 실패를 잘 받아들이고 교훈을 얻을 줄 아는 사람은 그렇지 않은 사람보다 다음에 성공할 확률이 훨씬 높답니다.

16 다른 사람이 나에게 관심 갖는 게 싫어요

Q. 얼마 전에 기말시험이 끝났는데, 그 후로 다들 나만 보면 시험을 잘 봤느냐고 물어요. 친구들도 묻고, 엄마 아빠도 묻고, 엄마 아빠와 친한 아저씨 아줌마까지 "시험 어땠냐"고 물어보는데 너무 짜증 나요. 누구든 한 번만 더 물어보면 화가 나서 터져 버릴지도 모르겠어요. 다른 사람이 나한테 자꾸 관심을 보이는 게 부담스럽고 싫어서 기분이 엉망이에요. 이럴 때는 어떻게 하면 좋죠?

A. 시험이 끝난 뒤에 잘 봤느냐고 물어보는 것은 지극히 있을 법한 일이에요. 그것 때문에 짜증 나는 것 역시 충분히 그럴 수 있는 일이고요. 하지만 다른 사람이 나에게 관심을 보이는 것 자체가 싫다면 좀 생각해 볼 필요가 있어요. 물론 과도한 관심은 누구에게나 힘들지만 선의의 관심까지도 견디기 힘들다면 대체 왜 이런 감정을 느끼는지 마음속을 들여다보아야 합니다. 어쩌면 자신감 부족 때문일지도 모르거든요.

mentality
이런 생각이 들 수 있어요

심리분석 & 힌트

1. 나를 아끼니까 관심도 생기는 거야. 누군가가 나를 아껴 준다는 것은 좋은 일 아닐까?

2. 친구들이 내게 관심을 보이는 건 그만큼 날 신경 쓴다는 뜻이야.

3. 기말고사가 막 끝났으니까 시험을 잘 봤는지 묻는 게 당연해. 안 그러면 만나서 무슨 이야기를 하겠어?

4. 아무도 내게 신경 쓰지 않고 관심 갖지 않는다면 그게 더 비참하지 않을까?

연습 & 설명

1 시험 잘 봤냐는 질문이 불편한 이유 생각해 보기

다음번 시험은 더 잘 볼 수 있도록 노력하자. 시험을 잘 봤다면 시험 어떻게 봤냐는 질문을 받아도 짜증 나지 않았을 거야.

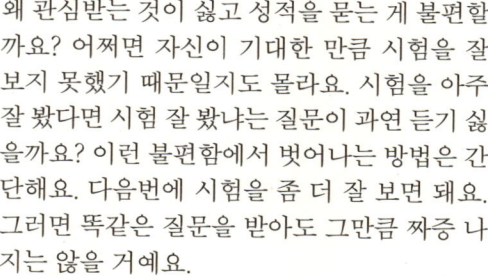

왜 관심받는 것이 싫고 성적을 묻는 게 불편할까요? 어쩌면 자신이 기대한 만큼 시험을 잘 보지 못했기 때문일지도 몰라요. 시험을 아주 잘 봤다면 시험 잘 봤냐는 질문이 과연 듣기 싫을까요? 이런 불편함에서 벗어나는 방법은 간단해요. 다음번에 시험을 좀 더 잘 보면 돼요. 그러면 똑같은 질문을 받아도 그만큼 짜증 나지는 않을 거예요.

2 관심을 애정과 격려의 의미로 받아들이기

나한테 관심을 보이는 것은 그만큼 내게 애정이 있다는 뜻이야. 이렇게 생각하니까 마음이 한결 편한걸!

'관심'을 어떻게 해석하느냐에 따라 내가 느끼는 감정이 완전히 달라질 수 있어요. 관심을 압박으로 받아들이면 짜증밖에 나지 않지만, 애정과 격려로 받아들이면 마음이 한결 편해져요. 사실 내게 관심을 보이는 사람은 나한테 애정을 갖고 있는 경우가 대부분이에요. 단지 때때로 관심을 보이는 방식과 시기가 적절하지 않을 뿐이죠. 이 점을 깨닫고 나면 다른 사람에게 관심받는 것이 예전만큼 힘들게 느껴지지 않는답니다.

3 관심의 대상이 되는 것을 즐기기

관심의 대상이 되는 것은 행복한 일이야! 아무도 내게 관심을 보이지 않는다면 오히려 불행할지도 몰라.

아무도 내게 관심을 보이지 않는다면 정말 행복할까요? 아마 그렇지 않을 거예요. 관심이 없다는 것은 그만큼 애정도, 기대도 없다는 뜻이니까요. 그런 의미에서 보면 관심을 받는 편이 전혀 관심받지 못하는 편보다 훨씬 나은 거죠. 이제부터는 관심의 대상이 되는 것을 무조건 부담스러워하거나 짜증스러워하기보다는 즐겨 보아요. 무슨 일이든 습관이 되면 다 괜찮아진답니다.

관심받기를 두려워하는 심리를 좀 더 냉정하고 철저하게 파헤쳐 보면 그 아래에는 스스로의 결과를 만족스러워하지 못하는 나 자신이 있게 마련이에요. 결과가 만족스럽지 못하거나 기대 이하일 때 우리는 자신도 모르게 주변 사람의 관심을 피하게 돼요. 반대로 결과가 만족스러울 때는 오히려 남들이 관심을 갖고 알아주기를 바라죠. 나타나는 행동은 정반대이지만 원인은 똑같답니다. 외부세계의 평가에 지나치게 얽매여 있거나 스스로에 대한 자신감이 부족한 사람은 진실한 자신의 모습을 있는 그대로 받아들이지 못해요. 이들은 마음속에 상상의 '관중'을 만들어 놓고, 이 '관중'에게 좋은 평가와 칭찬을 받기를 간절히 바라며 혹시라도 자신이 그들을 실망시켜서 애정과 관심을 잃게 될까 봐 전전긍긍합니다. 사실 그 안에는 더 잘하고 싶고, 더 발전하고 싶고, 더 많은 관심과 칭찬을 받고자 하는 마음이 숨어 있어요.

관심받기를 두려워하는 심리의 정체를 정확히 아는 것이 곧 자신의 마음을 똑바로 바라보고 진실한 자신을 받아들이는 첫걸음이에요. 그렇게 스스로를 끊임없이 다스리고 다독이면서 조금씩 성숙하고 온전한 한 사람으로 자라나는 것이랍니다.

심리학 박사님과 이야기 나누기

친구와 의견이 다를 때 너무 쉽게 양보해요

Q. 친구들과 함께 조별 활동을 할 때면 서로 의견이 달라서 가벼운 말싸움을 벌이는 상황이 종종 벌어지는데, 그때마다 나는 언제나 먼저 물러서요. 내가 맞다고 확신할 때도, 전혀 물러서고 싶지 않을 때도 말이죠. 꼭 양보가 버릇이 된 것만 같아요.

A. 서로 의견이 다른 상황에서 어떤 친구는 논리적으로 따지며 끝까지 자기 입장을 밀고 나아가는 반면, 어떤 친구는 금방 쉽게 물러서 버려요. 사실 이런 친구의 마음 깊은 곳을 파헤쳐 보면 이 역시 자신감 부족으로 연결된답니다.

mentality
이런 생각이 들 수 있어요

1. 차라리 내가 양보하고 말자. 친구랑 말싸움 벌이는 건 정말 싫어.
2. 다들 저렇게 반대하는데 내 의견을 고집했다가는 모두에게 미움을 살 거야.
3. 끝까지 양보하지 않으면 친구랑 사이가 나빠질지도 몰라. 그냥 내가 물러서자.

1
스스로 옳다고 생각하는 건 끝까지 고집할 줄도 알아야 해.

2
양보한다고 무조건 좋은 사람으로 보이는 것은 아니야. 때로는 무책임해 보일 수도 있어.

3
가끔은 일을 더 좋은 방향으로 발전시키기 위해 끝까지 양보하지 말아야 해.

4
상황을 잘 판단하자. 양보해야 하는 상황도 있고, 끝까지 내 의견을 고집해야 하는 상황도 있어.

심리분석 & 힌트

연습 & 설명

1 마음이 넓은 것과 양보 구분하기

때로는 양보하는 것이 잘못을 방치하는 결과로 이어질 수 있어!

마음이 넓은 것과 양보를 같다고 생각하는 친구가 많은데, 사실 이 둘은 전혀 달라요. 모든 일에 까다롭고 깐깐하게 굴 필요는 없지만 상대가 매우 잘못하고 있을 때조차 두루뭉술하게 양보하고 넘어간다면 오히려 잘못을 방치하는 결과를 낳을 수도 있답니다. 적어도 잘못이 계속되거나 더욱 커지는 일만은 확실히 막아야 해요.

2 옳은 일을 고집한다고 상대를 부정하는 것은 아님을 깨닫기

사람이 아니라 사건에 집중하면 입씨름을 벌여도 친구 사이가 틀어지지 않아!

친구와 사이가 틀어질까 봐 논쟁을 피하나요? 하지만 무조건 피하기 전에 먼저 일의 심각성과 경중을 따져 볼 필요가 있어요. 때로는 친구와 좋은 관계를 유지하는 것보다 더 중요한 일도 있거든요. 게다가 입씨름을 벌인다고 해서 무조건 친구 사이가 나빠지는 것도 아니에요. 나는 단지 옳은 일을 고집할 뿐이지, 상대를 부정하는 것이 아니라는 사실을 기억해요.

3 입씨름에 익숙해지기

무조건 도망치는 게 잘하는 일은 아니야!

자신감이 부족할수록 입씨름이나 갈등이 벌어지는 상황에서 무조건 도망치기 쉬워요. 이런 일이 반복되다 보면 결국 혼자 처리할 수 있는 일이 점점 줄어들 뿐만 아니라 도망이 습관이 되어 버리죠. 그러니 논쟁을 피하지 말아요. 처음에는 좀 힘들겠지만 조금씩 연습해 보세요. 가족회의에서 먼저 엄마 아빠를 상대로 입씨름하는 연습을 해 보면 어떨까요?

4 부드럽지만 꿋꿋하게 자신의 의견 말하기

흥분해서 소리를 지르고 화내는 것은 절대 안 돼!

무조건 양보하지는 말라는 것이지, 친구와 대판 싸우라는 뜻은 아니에요. 지나치게 감정적인 입씨름은 모두에게 상처가 될 수 있어요. 따라서 화내거나 감정적으로 격해지지 않고 논쟁을 벌이는 법을 반드시 배워야 해요. 자신의 의견을 꿋꿋이 밀고 나가되, 부드럽고 위협적이지 않은 말투와 목소리를 유지하는 게 중요해요. 먼저 최대한 부드럽게 친구의 의견을 인정해 주고, 그런 뒤 자신의 의견을 말해요.

심리학 박사님과 이야기 나누기

자신감이 부족한 친구는 언쟁이 생기면 금세 물러나고 양보하는 모습을 보입니다. 남과 자신의 의견이 다르다는 사실 자체에 불안함을 느끼기 때문이죠. 하지만 자기 생각이 옳을 때조차 꿋꿋이 밀고 나가지 못하고 자꾸 물러서다 보면 습관적으로 남의 눈치를 보는 성격이 될 수 있어요. 자신이 남한테 맞춰야 인간관계를 잘 유지할 수 있다고 생각하기 때문인데, 문제는 이런 일이 계속되면 남의 시선과 평가를 통해서만 자신의 가치를 확인하게 될 수도 있다는 점입니다.

친구와 의견이 다른 상황이 생기면 일부러라도 '자신을 좀 더 내세우려고' 노력하고, 적절한 방법으로 자기 생각을 표현해 보아요. 생각에 이유와 근거가 있고, 예의 바른 태도를 잃지 않는다면 자신을 내세움으로써 오히려 더 좋은 결과를 얻을 수 있답니다.

 ## 친구의 무리한 부탁도 거절하지 못해요

Q. 수학시험을 보기 전, 옆자리 친구가 커닝을 도와달라고 했어요. 나는 순간 아무 말도 못 했어요. 바로 거절하지도 못 했지요. 뭐라고 말해야 할지 알 수가 없었거든요. 커닝은 절대 안 된다고 생각하면서도 거절하지 못한 거예요. 무리한 부탁도 거절할 줄 모르는 나, 어떻게 해야 할까요?

A. 무리한 부탁조차 제대로 거절하지 못해서 고민하는 친구가 의외로 많아요. 가장 큰 원인은 혼자서 일을 처리할 수 있다는 자신감이 부족하기 때문이지요. 무리한 요구는 상황을 분명하게 판단해서 단호히 대처해야 해요. 거절하는 법도 배우고 연습할 필요가 있답니다.

mentality
이런 생각이 들 수 있어요

심리분석 & 힌트

1. 친구한테 커닝은 옳지 않은 행동이니 해서는 안 된다고 말하자.

2. 이유를 충분히 설명하고 거절하면 친구도 이해할 거야.

3. 친구가 처음부터 무리한 부탁을 했으니까 거절해도 돼. 미안해할 필요 없어.

4. 거절해도 친구가 끝까지 요구하면 선생님께 말씀드리자.

연습 & 설명

1 상황의 심각성 따져 보기

나 혼자 해결할 수 없을 것 같으면 선생님께 말씀드리자.

친구가 무리한 부탁을 할 때는 먼저 상황이 얼마나 심각한지 생각해 보아요. 그런 뒤 내가 거절하든 말든 문제를 해결할 수 없을 것 같다는 생각이 들면 망설이지 말고 즉시 선생님을 찾아가 도움을 청해요.

2 내 마음에 명령 내리기

이 부탁은 거절해야만 해.

무리한 부탁에 올바르게 대처하려면 먼저 내 마음에 몇 가지 명령을 내려야 해요. 일종의 자기암시를 걸어서 자신의 행동과 반응을 다스리는 거예요. 예를 들어 '이 부탁은 거절해야만 해'라든가 '괜찮아, 잘 설명하면 친구도 이해할 거야' 등의 말로 스스로에게 명령을 내리면 됩니다.

3 상대의 기분이 상하지 않게 거절하는 법 배우기

거절에도 기술이 필요해요. 특히 상대방의 기분을 상하게 만들지 않으면서 거절하는 기술이 중요하지요. 대놓고 "싫어!"라고 하지 말고 먼저 상대의 상황에 공감한 뒤, 그럼에도 거절할 수밖에 없는 이유를 잘 설명해요. 공감을 통해 서로 마음의 거리가 어느 정도 좁혀졌다면 상대도 나의 '거절'을 어렵지 않게 받아들일 거예요.

4 대답 미루기

부탁을 들어주기도, 그렇다고 단박에 거절하기도 힘들 때는 대답을 미뤄도 돼요. "생각 좀 해 볼게" 혹은 "나중에 대답해 줄게"라고 말해요. 대답 미루기는 간접적이고 완곡한 거절로, 이렇게 하면 당장 서로 감정이 상하거나 상황이 난처해지는 일을 피할 수 있답니다.

심리학 박사님과 이야기 나누기

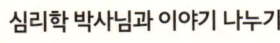

무리한 부탁도 거절하지 않고 전부 들어준다면 얼핏 성격이 좋은 것처럼 보이지만 사실은 심리적 경계가 불분명한 사람일 가능성이 커요. 대인관계에서 심리적 경계가 불분명한 사람은 어떤 일이든 자신만의 원칙을 세우고 지키기가 어렵답니다. 또한 잘 거절하지 못하는 탓에 수동적인 입장에 처하거나 자신의 능력을 넘어서는 일을 떠맡아 개인적으로 안 좋은 영향을 입기도 해요.

심리적 경계라는 개념을 제시한 사람은 구조적 가족치료를 만든 심리학자 살바도르 미누친이에요. 심리적 경계란 타인과 자신 사이에 세우는 최소한의 울타리를 말하는데, 이 울타리가 분명하지 않은 사람은 남의 부탁을 잘 거절하지 못해요. 그래서 자신의 울타리를 침범하는 무리한 부탁도 싫다고 하지 못하기 일쑤지요. 문제는 울타리를 침범당할 때마다 사실은 불쾌하고 무력하며 강요당하는 느낌을 받는다는 거예요. 이런 일이 계속되면 고통이 견딜 수 없을 만큼 커지고, 결국 극단적인 일을 저지를 위험성이 높아져요. 따라서 무리한 부탁을 받으면 진짜 마음의 목소리를 따라 단호히 "아니"라고 말해요. 내가 가장 중시하고 귀를 기울여야 할 사람은 다른 누구도 아닌 바로 나 자신입니다.

낯선 사람 앞에서 벙어리가 되어 버려요

Q. 평소 집에서 내 별명은 수다쟁이예요. 엄마 아빠 앞에서는 노래도 잘하고 춤도 잘 추고, 말도 얼마나 청산유수인지 몰라요. 하지만 집에 손님만 오시면 벙어리로 변해요. 어쩌다 말 한마디 할라치면 얼굴이 빨개지고 더듬거려서 차라리 아무 말도 하지 않는 게 편할 정도예요. 엄마 아빠 앞에서는 수다쟁이인데 낯선 사람 앞에서는 벙어리로 변하는 나, 정상일까요?

A. 그럼요, 매우 정상입니다. 친한 사람 앞에서는 연예인 뺨치게 춤추고 노래하다가 낯선 사람이 나타나면 조개처럼 입을 꾹 다무는 것은 이 나이 친구들에게 매우 흔한 현상이에요. 낯선 사람 앞에서는 누구나 긴장하고 굳어지게 마련이니 큰 문제도 아니고요. 평소에 일상적으로 자신감을 기르는 연습을 하면 낯선 사람 앞에서도 얼마든지 편해질 수 있답니다.

심리분석 & 힌트

1
잘 모르는 사람이라고 나를 잡아먹는 것도 아닌데, 무조건 겁낼 필요는 없어.

2
버릇없거나 예의 없는 행동만 하지 않도록 조심하면 돼. 그리고 너무 깊이 생각하지 말자.

3
상대는 내 행동에 별 관심이 없을 수도 있어. 긴장 풀자!

연습 & 설명

1 갑작스런 '관심 집중'에 대처하기

잠시 자리를 피해 혼자 마음을 가라앉힐 시간과 공간을 찾자.

집에 온 낯선 손님이나 어른들이 갑자기 나에게 관심을 보이며 집중하면 나도 모르게 긴장되고 안절부절못할 수 있어요. 만약 그 자리에서 감정이 다스려지지 않는다면 핑계를 대고 잠시 다른 곳으로 자리를 피해요. 화장실에 가거나 방으로 들어가는 등 스스로 감정을 가라앉힐 시간과 공간을 찾아요.

2 기본 예절 익히기

먼저 예의를 지키자. 그러면 나머지는 저절로 다 잘될 거야.

낯선 사람 앞에서 지나치게 긴장하기 일쑤라면 먼저 낯선 사람을 대할 때의 기본적인 예의범절을 익히도록 해요. 공손히 인사하는 법, 씩씩하게 자기소개하는 법 등을 습관처럼 몸에 익혀 두면 낯선 사람을 만났을 때 어떻게 해야 할지 몰라 허둥대는 일을 막을 수 있어요.

3 다른 사람의 생각에 너무 신경 쓰지 않기

맞아, 어쩌면 내가 생각이 너무 많은지도 몰라.

우리가 긴장하는 이유는 대부분 지나치게 신경을 쓰기 때문이에요. 사실 상대는 처음 만난 사람에 대한 예의를 지키느라, 혹은 이야깃거리를 찾느라 나에게 관심을 보이는지도 몰라요. 긴장을 푸는 가장 효과적인 방법은 상대에게 지나치게 신경을 쓰지 않는 거예요. 단순하게 생각하세요. 생각이 너무 많으면 자연히 행동도 어색해진답니다.

심리학 박사님과 이야기 나누기

친한 사람 앞에서는 활발하고 수다쟁이인데 낯선 사람만 나타나면 꿀 먹은 벙어리가 되는 친구들이 있어요. 사실 어른 중에도 그런 사람이 많답니다. 왜 그럴까요?
미국의 심리학자 대니얼 카너먼은 사람의 대뇌를 연구하고 재미있는 해석을 내놓았어요. 익숙한 사람과 낯선 사람 앞에 있을 때, 우리의 대뇌가 전혀 다른 두 가지 시스템에 따라 움직인다는 거예요. 시스템 1은 편안한 상황에서 즉각적이고 자동적으로 움직이는 습관적 사고방식이고, 시스템 2는 낯선 사람과 마주하거나 시스템 1이 제대로 작동할 수 없을 때 비로소 작동하는 느리고 집중적인 사고방식이에요. 낯선 사람을 대할 때 우리가 익숙한 사람을 대할 때만큼 자연스럽거나 편안하지 못한 이유도 시스템 1이 아니라 시스템 2가 움직이기 때문이에요. 그밖에 낯선 사람에 대한 정보가 많지 않다는 점도 어색함을 느끼는 원인이에요. 상대가 어떤 사람인지 모르니 나의 말과 행동이 적절한지 알 수 없고, 상대의 눈에 내가 어떻게 보일지 가늠할 수 없는 탓에 '심리적 방어막'이 발동하는 것이죠. 결국 스스로를 보호하려는 게 목적이에요.
하지만 자신감을 기르면 낯선 사람 앞에서도 긴장하지 않고 자연스럽게 행동할 수 있답니다. 어떤 상황에서든 자신감이 가장 중요한 만능열쇠라는 점을 꼭 기억해요!

괴롭힘을 당해도 아무런 말을 못 해요

Q. 우리 반에 짓궂은 장난으로 친구를 괴롭히는 애가 있어요. 하루는 나를 목표물로 삼았는지 종일 따라다니며 못살게 굴더라고요. 난 끝까지 참고 피했어요. 그랬더니 내가 괴롭히기 좋은 애로 보였는지 그만두기는커녕 더 심하게 장난을 치는 거예요. 계속 참아야 할까요? 아니면 반격을 해야 할까요?

A. 학교에 이런 친구가 있다는 것은 정말 고민스럽고 힘든 일이에요. 괴롭히는 친구에게 반격하지 못하는 이유 역시 자신감 부족에서 찾을 수 있어요. 이 문제는 다른 일상적인 문제에 비해 복잡하기 때문에 시간을 들여 생각하고 해결 방법을 찾아야 해요.

mentality
이런 생각이 들 수 있어요

- 괴롭히는 친구한테 어떻게 대처해야 하지? 이런 건 배운 적이 없어!
- 반격하고 싶지만 더 크게 보복당할까 봐 겁나.
- 나만 참으면 더 이상 괴롭히지 않을 줄 알았는데, 아니네!
- 반격하고 싶은 마음이 굴뚝같지만 매번 본능적으로 움츠러들게 돼.

심리분석 & 힌트

1. 한두 번은 물러설 수 있지만 항상 물러설 수는 없어!

2. 내 힘으로 해결할 수 없다면 어른에게 도움을 청하자. 무조건 참기만 해서는 안 돼.

3. 나도 화낼 줄 안다는 사실을 확실히 보여 주면 더 이상 나를 괴롭히지 않을 거야.

연습 & 설명

1 가장 좋은 방어벽인 '두려워하지 않는 마음' 갖기

내가 아니라 저 애 잘못이야. 겁을 내야 할 사람은 내가 아니라 바로 남을 괴롭히는 저 아이라고!

괴롭힘을 당하고도 아무런 말을 하지 못하는 이유는 겁이 나기 때문이에요. 나를 더 괴롭힐까 봐, 보복을 당할까 봐, 반격했다가 실패할까 봐……. 그래서 평소에 의식적으로 '어떤 일을 만나든 두려워하지 않는 마음'이라는 방어벽을 만드는 게 중요해요. 먼저 열심히 운동해서 몸을 건강하게 만들어요. 몸이 건강하고 튼튼하면 두려움을 없애는 데 도움이 돼요. 자신에게 말로 명령을 내리는 것도 좋아요. '저 애가 잘못하는 거야, 겁먹어야 할 사람은 내가 아니라 바로 친구를 괴롭히는 저 아이야'라고 말해 보아요. 마음이 훨씬 대담하고 용감해질 거예요.

2 상대에게 따끔한 맛을 보여 주기

괴롭히는 걸 참으면 더 괴롭히게 마련이야. 내가 괴롭혀도 되는 사람이 아니라는 걸 저 녀석에게 확실히 보여 주겠어!

안타깝게도 참으면 참을수록 괴롭힘이 더 심해지는 경우가 그렇지 않은 경우보다 훨씬 많아요. 따라서 상대에게도 '따끔한 맛'을 보여 줄 필요가 있답니다. 친구와 치고받고 싸우라는 말이 아니에요. 자신이 해결할 수 있는 수준의 작은 괴롭힘은 마냥 참지 말고, 싫다는 의사 표현을 확실히 하고 화를 내서 상대에게 그만두라는 뜻을 분명히 전하라는 뜻이에요.

3 어른에게 도움 청하기

겁내지 말자. 부모님과 선생님이 도와주실 거야.

반격을 하든, 하지 않든 도무지 문제를 해결할 수 없을 것 같다는 생각이 들면 즉시 선생님과 부모님에게 도와달라고 해요. 어른에게 도움을 청하는 것도 반격이랍니다. 내 힘으로는 해결할 수 없는 문제도 어른이 나서면 쉽게 해결돼요. 가장 나쁜 선택은 혼자 끝까지 참기만 하는 것입니다.

괴롭힘을 당할 때는 마음이 참 힘들죠. 하지만 부딪치는 게 겁나서 무조건 참기만 하면 괴롭힘이 갈수록 더 심해집니다. 왜일까요? 사람에게는 한계를 시험해 보고자 하는 욕구가 있는데, 이는 우리를 괴롭히는 사람도 마찬가지이기 때문이에요. 처음 괴롭히기 시작할 때는 그들도 내가 반항이나 반격을 할지 안 할지 확신이 없기 때문에 아마 조심스럽게 건드려 봤을 거예요. 일종의 간보기죠. 그런데 몇 번 간을 봤는데도 반격이 없으니, 점점 대담해져서 갈수록 더 심하게 괴롭히게 된 거예요. 결국 부딪치고 싶지 않다는 나의 심리적 약점이 그들이 거리낌 없이 나쁜 짓을 계속하도록 만든 셈이랍니다.

나는 왜 충돌을 피하고 싶어 할까요? 왜 반격하기보다는 참는 쪽을 선택하는 것일까요? 반격했다가 실패하면 더 큰 괴롭힘을 당할까 봐 두렵기 때문이에요. 하지만 현실적으로는 참는 편이 훨씬 더 큰 고통과 상처를 줍니다. 더 이상 주눅 들거나 위축되지 않고 용감하게 반격해야만 비로소 상대도 더는 나를 괴롭히기 좋은 애, 괴롭혀도 되는 애로 보지 않게 돼요. 작은 갈등을 해결하는 것부터 시도해 보아요. 단 한 번이라도 반격에 성공하는 경험을 하면 자신감이 엄청나게 증폭되면서 상대에게 맞설 힘이 생겨요. 그 힘이 있으면 얼마든지 괴롭힘의 악순환에서 벗어날 수 있답니다.

심리학 박사님과 이야기 나누기

 부모님께 나쁜 일을 말할 용기가 나지 않아요

Q. 학교에 불량배 같은 애들이 있는데, 나를 점찍어서 매주 용돈을 갖다 바치라고 협박했어요. 어떻게 해야 할지 모르겠고 무섭기도 해서 일단 알겠다고는 했는데, 그날 이후로 수업 집중도 되지 않고 집에서 말수도 확 줄었어요. 그런 내가 이상해 보였는지 부모님이 무슨 일 있느냐고 물어보셨지만 사실대로 말하지 못했어요. 걱정시켜 드리고 싶지 않았거든요. 하지만 지금 나는 절실하게 도움이 필요해요. 어쩌면 좋을까요?

A. 부모님께 좋은 일만 말하고 나쁜 일은 감추려고 하는 친구가 있어요. 혼날까 봐 걱정되는 마

음 반, 부모님을 걱정시켜 드리고 싶지 않은 마음 반이겠지요. 하지만 사실 자신감이 부족한 탓이 가장 크답니다. 부모님의 응원과 가르침만큼 우리의 자신감을 북돋아 주는 것도 없어요. 부모님은 우리의 가장 좋은 친구이자 가장 믿음직한 버팀목이니, 주저하지 말고 솔직히 말해요.

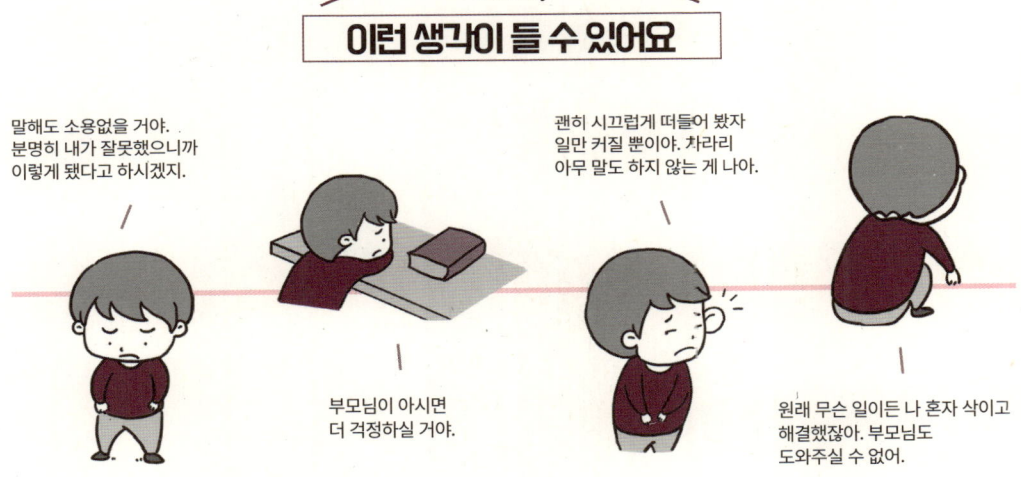

심리분석 & 힌트

1. 내가 할 수 있는 일에는 한계가 있어. 필요할 때는 부모님께 도와달라고 하는 게 맞아.

2. 부모님은 반드시 나를 도와주실 거야.

3. 부모님은 나보다 경험도 많고 아는 것도 많아. 부모님의 조언을 듣는 게 중요해.

연습 & 설명

1 부모님과 소통하는 방식 바꾸기

엄마 아빠는 나와 가장 친한 친구이자 파트너이니까 당연히 나를 도와주실 거야.

나쁜 일이 생겨도 부모님이 이해해 주지 않을까 봐 두려워서 말을 할 수 없다면 평소 부모님과 소통하는 방식에 문제가 있는지도 몰라요. 부모님에게 과도하게 의지해도, 반대로 부모님과 사이가 소홀해도 똑같이 이런 감정이 들 수 있어요. 이제부터 부모님을 나의 가장 친구이자 파트너로 생각해 보아요. 무슨 일이든 부모님께 대신 해 달라고 맡겨도 안 되지만 그렇다고 숨기는 일이 있어도 안 돼요. 누구보다도 부모님을 믿도록 해요.

2 말하지 않아도 되는 작은 비밀과 반드시 말해야 하는 일 구분하기

나 혼자 알아도 되는 작은 비밀과 반드시 말해야 하는 일이 있어. 도움이 필요할 때는 꼭 부모님께 말씀을 드리자!

큰일을 나만 알아야 하는 비밀로 생각하고 혼자 끙끙 앓는 친구가 있어요. 하지만 말해도 그만, 말하지 않아도 그만인 작은 비밀이 있는가 하면 반드시 얘기해서 도와달라고 해야 하는 일도 있답니다. 두 가지를 분명하게 구분하고 늦지 않게 도움을 청해요.

3 '부모님은 나를 이해해 주실 것'이라고 굳게 믿기

이 세상에 부모님만큼 나를 이해해 줄 사람은 없어!

부모님이 어떻게 반응할지 몰라서, 혹은 이해는커녕 오히려 혼날까 봐 말하지 못하기도 해요. 하지만 일반적으로 이런 일이 벌어질 확률은 매우 낮아요. 부모님이 나를 이해해 주실 거라고 굳게 믿도록 해요.

4 정기적으로 가족회의 열고 대화하기

매주 한 번
가족회의를 열자!

평소 부모님과 대화가 자유롭지 않았다면 나쁜 일이 생겨도 솔직히 말하기 쉽지 않아요. 부모님과 상의해서 매주 한 번 가족회의를 열어 보아요. 서로 한 주간 있었던 일을 솔직히 이야기하고, 문제가 있다면 함께 해결 방법을 고민해 보는 거예요. 이렇게 하면 서로 마음을 열고 대화할 수 있을 뿐만 아니라 무슨 일이든 어렵지 않게 부모님께 말씀드릴 수 있게 된답니다.

심리학 박사님과 이야기 나누기

한 아버지가 아이에게 어려운 일을 맡겼어요. 아이는 열심히 노력했지만 결국 그 일을 해내지 못했고, 잔뜩 풀이 죽어 아버지에게 못하겠다고 말했어요. 그러자 아버지가 이렇게 물었어요.
"최선을 다했니? 정말 온 힘을 다했어?"
아이는 고개를 끄덕였어요.
"네, 정말 최선을 다했는데도 못하겠어요."
하지만 아버지는 고개를 저으며 말했어요.
"아니다, 얘야. 넌 최선을 다하지 않았어. 내가 바로 옆에 있었는데도 도와달라고 하지 않았잖니!"
이 이야기는 문제를 해결할 때 나 자신의 노력도 중요하지만 다른 사람에게 도움받을 필요도 있다는 사실을 알려 줘요. 남에게 도움을 청할 줄 아는 것 역시 매우 중요한 능력이자 지혜랍니다.
사람은 누구나 혼자서는 하지 못하는 일이 있어요. 그럴 때는 다른 사람에게 도와달라고 할 줄도 알아야 해요. 특히 아직 어린 우리 친구들에게 부모님은 도움을 청할 가장 좋은 대상이에요. 그러니 걱정하거나 주저하지 말고 내가 겪고 있는 문제를 부모님에게 솔직히 말해요.

제3장
심화 편

★ **나에게 자신이 없어요!**

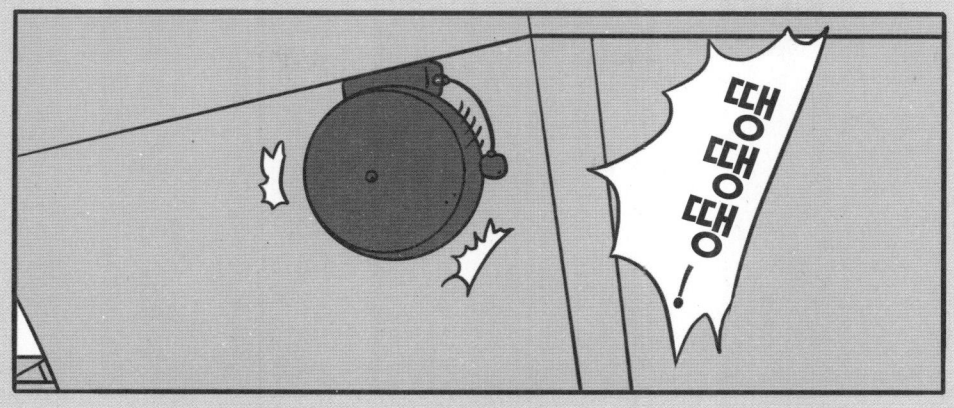

★ **까다로운 사람이 되고 싶지 않아요!**

자신감이 부족하면 그 밖에도 여러 문제가 생길 수 있어요. 계속 살펴보아요!

 ## 불안함을 감추려고 똑같은 질문을 반복해요

혹시 너무 긴장한 나머지 나도 모르게 이상하고 엉뚱하게 행동한 적이 있나요? 예를 들어 똑같은 질문을 계속 반복하는 거예요.

시간이나 날씨를 계속 묻는 등 같은 질문을 반복하는 이유는 크게 두 가지로 생각해 볼 수 있어요. 하나는 적당한 이야깃거리를 찾지 못해서고, 다른 하나는 자신이 느끼는 불안과 당황을 감추기 위해서예요. 하지만 똑같은 질문을 반복하는 것은 원활한 소통에 별 도움이 되지 않을 뿐만 아니라 반대로 당황스러운 기분을 심하게 만들 수 있어요. 잘못하면 상대의 기분을 상하게 할 수도 있어요. 따지고 보면 결국 이것도 자신감 부족 때문이랍니다.

mentality
이런 생각이 들 수 있어요

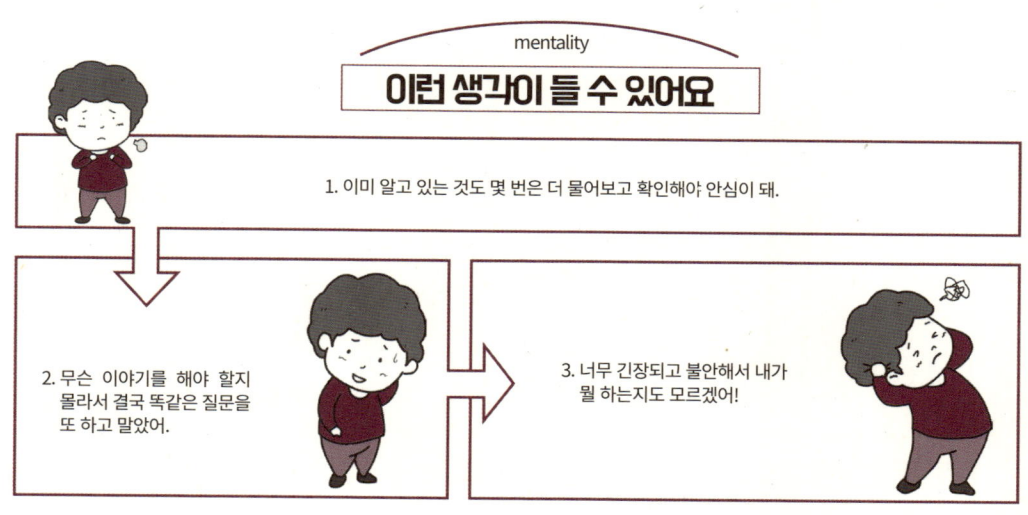

1. 이미 알고 있는 것도 몇 번은 더 물어보고 확인해야 안심이 돼.
2. 무슨 이야기를 해야 할지 몰라서 결국 똑같은 질문을 또 하고 말았어.
3. 너무 긴장되고 불안해서 내가 뭘 하는지도 모르겠어!

심리분석 & 힌트

1
마음을 가라앉히려고 같은 질문을 반복하는 건 오히려 분위기를 이상하게 만들어. 게다가 마음을 가라앉히는 데도 별 도움이 안 돼.

2
적당한 이야깃거리를 찾지 못하겠다면 차라리 입을 다물고 있는 게 더 나아.

3
사실 친구들도 말을 안 해서 그렇지, 내가 같은 질문을 반복하는 게 짜증 날 거야.

연습 & 설명

1 잠시 주의 돌리기

며칠 있으면 방학이네. 어디 놀러 갈지 생각해 볼까?

생각이 상황에 너무 집중되어 있으면 더 긴장하게 돼요. 당장 눈앞의 상황에 지나치게 집중한 나머지 긴장해서 자꾸 이상한 행동과 반응을 하게 된다면 주의를 다른 곳으로 돌리는 것도 좋은 방법이에요. 크게 심호흡하고, 눈앞의 상황과 전혀 상관이 없는 일을 생각해 보아요. 몸은 여기 있지만 마음은 다른 곳에 잠시 다녀오는 거예요. 이렇게 하면 긴장이 한결 풀린답니다.

2 많이 보고 많이 듣고 적게 말하는 습관 들이기

많이 보고 많이 듣고 적게 말하는 건 인간관계의 미덕이지!

무슨 말을 해야 할지 모를 때는 아예 아무 말도 하지 않는 편이 훨씬 나아요. 상황에 따라서는 이상한 말을 하는 것보다 말을 적게 하는 게 훨씬 현명한 선택이랍니다. 평소 많이 보고 많이 듣고 적게 말하는 습관을 들여 보아요. 가장 기본적인 인사 말고는 꼭 말해야 할 때만 말하고, 자신이 주인공이 아닐 때는 되도록 말을 줄이는 게 좋아요.

3 잠시 다른 곳으로 피하기

너무 심하게 긴장될 때는 잠시 화장실에라도 다녀오자.

너무 심하게 긴장될 때는 잠시 그 자리를 벗어나요. 화장실을 다녀와도 좋고, 밖에 나가 신선한 공기를 마시는 것도 좋아요. 환경을 바꾸면 감정을 조절하고 긴장감을 낮추는 데 도움이 된답니다.

심리학 박사님과 이야기 나누기

공적인 자리에서 다른 사람과 대화를 해야 하는 상황은 누구에게나 어색하게 마련이에요. 자연스럽게 대화를 나누고 싶지만 뭐라고 입을 떼야 할지 알 수 없어서 같은 질문을 반복하거나 이상한 말을 하기도 하죠. 모두 불편한 마음이 보이지 않는 장애물로 작용하기 때문이랍니다.

공통의 이야깃거리를 찾기 전에 억지로 대화를 이어가는 것은 누구에게나 쉽지 않은 일이에요. 그러니 불편함을 느끼는 자신을 있는 그대로 인정하고, 위에서 소개한 방법들을 이용해서 어색하고 껄끄러운 감정과 긴장감을 다스려 보아요. 껄끄러움과 긴장감을 이겨 내고 차분히 말하다 보면 어느새 자연스럽게 대화를 나누는 자신을 발견할 거예요.

항상 다른 사람의 인정과 관심을 받고 싶어요

친구들과 이야기를 할 때 잠깐이라도 친구들이 자신의 말을 들어주지 않거나 긍정적인 반응을 보이지 않으면 금세 자신감을 잃고 불안해하며 긴장하는 친구가 있어요. 심하면 친구들의 관심과 인정을 받기 위해 자신도 모르게 더 튀는 행동을 하기도 하죠. 그러다 의도한 바와 달리 더욱 안 좋은 반응이 돌아오면 금방이라도 어떻게 될 것처럼 힘들어해요.
언제나 다른 사람의 인정과 관심을 받아야만 비로소 안심된다면 자신감 부족을 의심해 볼 수 있어요.

mentality
이런 생각이 들 수 있어요

애들이 나한테 관심을 보이지 않아. 아마 날 별로 좋아하지 않나 봐.

다들 반응이 미적지근하네. 내 이야기가 재미없는 게 분명해. 어떻게 하지? 안 그래도 자신 없었는데 더 자신 없어져.

싫다는 친구 반응에 너무 당황해서 순간 할 말을 잃고 말았어. 부끄러워서 얼굴을 못 들겠네.

심리분석 & 힌트

1. 먼저 스스로 자신감을 갖는 게 중요해. 다른 사람의 관심과 인정을 받는 것은 그다음 문제야.

2. 반응이 미적지근하다고 해서 반드시 친구들이 나를 싫어하거나 관심 없다는 뜻은 아니야.

3. 내가 틀린 말만 하지 않았다면 반드시 관심을 보이고 인정해 줄 사람이 나타날 거야.

연습 & 설명

1 말하는 내용에 자신감 갖기

맞아, 내가 먼저 나 자신을 인정해야 다른 사람의 인정도 받을 수 있어.

이야기할 때 다른 사람의 긍정적인 반응과 인정을 기대하는 것은 매우 당연한 일이에요. 하지만 이런 바람이 지나치게 강하다면 나 스스로 내가 말하는 내용에 대해 자신감이 부족하지는 않은지 생각해 보아요. 내가 먼저 내 생각을 긍정하고 인정해야 비로소 다른 사람에게도 인정받을 수 있어요. 무엇보다도 내 생각에 확신을 갖도록 노력해 보아요.

2 듣는 사람이 아닌 주제에 더 집중하기

주제에 집중하니까 친구들 반응에 신경이 쓰이지 않네.

말할 때 자신감이 사라지는 이유는 대개 듣는 사람의 반응을 지나치게 신경 쓰기 때문이에요. 그러다 보면 그들의 말 한마디, 행동 하나에 영향을 받게 되고 결국 타인의 인정을 받지 못하면 자신감을 잃는 상태에 이르게 돼요. 이 문제를 해결할 가장 좋은 방법은 듣는 사람이 아니라 주제 자체에 집중하는 것이랍니다.

3 인정받지 못할 수 있다는 사실 인정하기

나도 다른 친구의 의견에 반대한 적이 있잖아. 이건 매우 정상적인 일이야.

인정받지 못할 수 있다는 사실을 인정하세요. 그러면 마음이 훨씬 편해지고 상대의 미적지근한 반응 때문에 기분이 나빠지는 일을 피할 수 있어요. 생각해 보아요. 나 역시 다른 친구의 의견을 반대하거나 인정하지 않은 적이 있지 않나요? 이는 모두 지극히 정상적인 일이랍니다.

심리학 박사님과 이야기 나누기

다른 사람에게 끊임없이 인정과 관심을 받아야만 마음이 편한가요? 그렇다면 긍정적인 피드백에 지나치게 얽매여 있지는 않은지 살펴봐야 해요.

이제 갓 말문이 트이고 걸음마를 배우는 아기 시절에는 아주 작은 행동만 해도 주변 사람들에게 관심과 칭찬, 격려를 받게 마련이에요. 실제로 이런 반응들이 긍정적 피드백으로 작용해서 또 다른 행동을 이끌어 내기도 해요. 그런데 자라면 자랄수록 주변 사람들에게 무조건적인 관심과 칭찬, 격려를 받는 일은 점점 줄어들어요. 당연해요. 더 이상 아기가 아니거든요. 마음도 몸과 함께 자라야 한답니다. 아기 때처럼 다른 사람의 관심과 인정을 받으려 애쓰지 말고, 스스로 나 자신을 인정하는 자기긍정의 마음을 길러야 해요. 자기긍정을 통해 자신감을 다지고 독립적으로 생각하는 능력을 갖추면 다른 사람의 관심과 인정은 그저 내 인생의 양념에 불과하다는 사실을 깨달을 수 있어요. 타인의 관심과 인정에 기대지 않는 사람만이 자신의 가치를 찾고 자아성장이라는 열매를 거둘 수 있답니다.

늘 다른 친구가 부러워요

자신감이 부족하면 다른 친구가 부럽게 느껴질 수 있어요. 어떤 친구는 공부를 잘해서 부럽고, 어떤 친구는 선생님과 친해서 부럽고, 어떤 친구는 주변에 친구가 많아서 부럽죠. 그런데 부러움의 정도가 심한 나머지 나 자신이 싫어진다면 문제가 될 수 있어요.

언제나 이런 감정에 빠져 있다면 자기비하 성향을 의심해 보아야 해요. 사실 다른 사람을 부러워한다는 게 무조건 나쁘기만 한 일은 아니에요. 부러움을 잘 이용하면 오히려 나 자신을 발전시키는 원동력으로 삼을 수 있거든요. 그러나 이런 감정에 잘못 사로잡히면 자신감을 크게 잃을 수 있어요.

심리분석 & 힌트

1. 다들 정말 대단하구나. 나도 열심히 보고 배워야지!

2. 나도 저 친구들처럼 할 수 있어!

3. 성적이 좋은 건 다 이유가 있는 거야. 더 힘내자!

연습 & 설명

1 '쟤는 뭐든 다 잘해'라는 잘못된 인식에서 벗어나기

사람은 누구나 잘하는 것도 있고 못하는 것도 있어. 또 다들 나처럼 행복할 때도 있고, 고민할 때도 있을 거야!

눈에 보이는 장점만 보고 저 친구는 뭐든 무조건 잘할 것이라고 착각할 때가 있어요. 이러한 잘못된 인식이 맹목적인 부러움을 낳는답니다. 사람은 누구나 좋은 부분이 있는 만큼 나쁜 부분도 있게 마련이에요. 마냥 행복할 것만 같은 친구도 알고 보면 누구보다 고민이 많을 수 있고, 또 몰라서 그렇지 반대로 나를 부러워하는 친구도 있을 수 있어요.

2 '열심히 하지 않아도 성공할 수 있다'는 잘못된 인식에서 벗어나기

이 세상에 거저 성공한 사람은 없어!

어떤 친구가 너무 부러우면 '쟤는 무슨 일을 해도 술술 풀리고 뭐든 성공할 것 같다'라는 착각에 빠질 수 있어요. 예를 들어 '공부도 별로 안 하는데 시험만 보면 성적이 잘 나온다'라는 식으로 말이죠. 하지만 사실은 그렇지 않아요. 아무리 머리가 좋아도 공부를 아예 하지 않고 시험을 잘 볼 수는 없어요. 아마 알고 보면 친구도 보이지 않는 곳에서 엄청나게 노력하고 있을 거예요.

3. 부러움을 앞으로 나아가는 힘으로 바꾸기

배울 점은 배우고, 본받을 점은 본받자!

부러움이라는 감정은 나를 앞으로 나아가게 하는 힘이 될 수 있어요. 부러운 친구를 목표로 삼고 친구의 좋은 점을 배우려고 해 보아요. 내가 부러워하는 '그 친구'처럼 되려고 노력하다 보면 어느새 훌쩍 자라난 자신을 발견할 거예요.

심리학 박사님과 이야기 나누기

코비 브라이언트라는 사람을 아나요? 농구를 좋아하는 친구라면 아마 이 이름이 낯설지 않을 거예요. 코비는 세계적으로 유명한 농구 선수로, 농구의 신이나 황제로 불릴 만큼 팬들에게 엄청난 사랑과 응원을 받았어요. 한번은 인터뷰에서 "어떻게 그토록 농구를 잘하느냐?"는 질문을 받았을 때, 코비는 이렇게 말했어요.
"새벽 네 시의 로스앤젤레스를 본 적 있나요?"
기자가 고개를 저으며 본 적 없다고 대답하자 코비는 슬며시 미소를 지었어요.
"새벽 네 시에 하늘을 올려다보면 별이 가득해요. 거리는 오가는 사람을 거의 찾아볼 수 없을 만큼 텅텅 비어 있고요. 지난 십여 년 동안, 나는 늘 새벽 네 시에 일어나 훈련을 했고 지금도 여전히 그렇게 하고 있어요."
이처럼 코비는 정상에 오르기 전에도, 오른 후에도 변함없이 새벽 네 시에 일어나 꾸준히 훈련했어요. 그랬기에 강인한 체력과 정신력, 훌륭한 기술을 가질 수 있었던 거예요.
나보다 뛰어난 친구를 만나면 나도 모르게 부러워하게 돼요. 하지만 단순히 부러워하지만 말고 그 친구가 뛰어난 이유는 그만큼 보이지 않는 곳에서 노력했기 때문이라는 사실을 정확히 알고 인정해야 해요. 그래야 부러움이 나 자신을 갉아먹는 게 아니라 스스로를 더욱 발전시키고자 하는 동기와 힘으로 작용한답니다.

무슨 일이든 결정하기 싫어요

자신감이 부족하면 어떤 일을 결정해야 하는 상황에서 망설이고 머뭇거리기 쉬워요. 심하면 선택이나 결정 자체를 기피할 수도 있지요.

무슨 일이든 결정을 내리기 힘든 이유는 사실 잘못된 결정을 할까 봐 겁나기 때문이에요. 잘못된 결정을 하느니, 차라리 도망치는 게 낫겠다 싶은 거죠. 하지만 스스로 결정할 기회와 권리를 포기하는 것은 매우 경솔한 행동이에요. 선택권을 가진다는 것은 내가 홀로서기 시작했다는 아주 중요한 표식이거든요. 앞으로는 결정하는 법을 배우고 스스로 결정을 내리는 습관을 만들어 보아요. 스스로 결정을 내릴 수 있어야만 진짜 자신감이 생긴답니다.

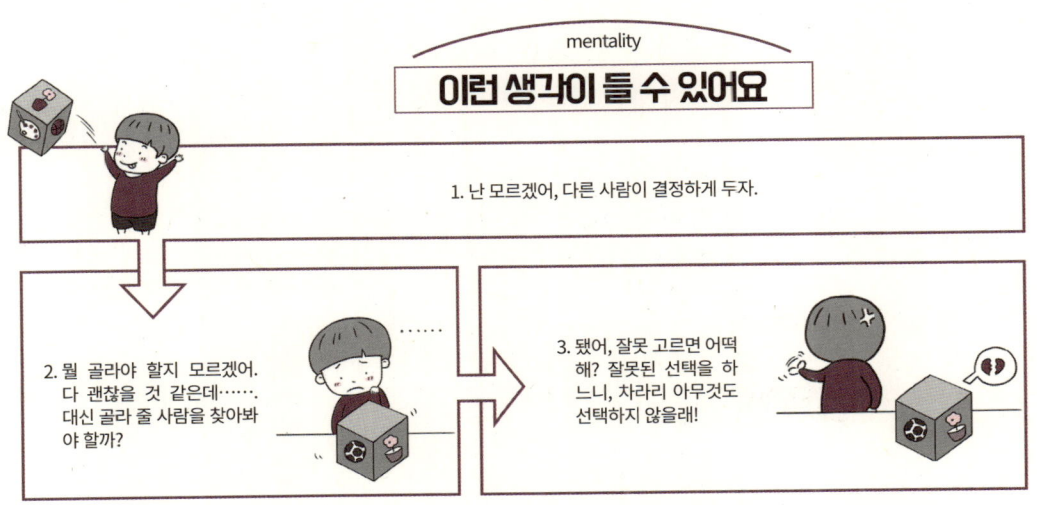

mentality
이런 생각이 들 수 있어요

1. 난 모르겠어, 다른 사람이 결정하게 두자.
2. 뭘 골라야 할지 모르겠어. 다 괜찮을 것 같은데……. 대신 골라 줄 사람을 찾아봐야 할까?
3. 됐어, 잘못 고르면 어떡해? 잘못된 선택을 하느니, 차라리 아무것도 선택하지 않을래!

심리분석 & 힌트

1 나도 이제 스스로 선택하고 결정할 수 있을 만큼 컸어. 선택권과 결정권이 있다는 것은 내가 그만큼 자랐다는 중요한 표식이야.

2 원래 모든 결정이 다 옳을 수는 없어.

3 다른 사람이 대신 내려 준 결정도 틀릴 수 있어. 그럴 바에는 나 자신을 믿는 게 맞지 않을까?

연습 & 설명

1 자신을 스스로 책임지는 법 배우기

작은 일부터 스스로 결정하는 습관을 들이자!

자기 일을 스스로 결정하는 것은 자신에게 책임을 지는 거예요. 용감히 결정을 내리고 자기 자신을 스스로 책임지는 법을 배워 봐요. 먼저 사소하고 작은 일부터 결정하는 법을 연습하는 게 좋아요. 부모님에게 내가 결정해도 되는 일은 최대한 내가 결정하게 두고, 부모님은 곁에서 지켜보다가 정말 필요할 때만 도와달라고 말해요.

2 옳은 결정이 아닌, 가장 좋은 결정 내리기

지금 상황에서 가장 합리적인 결정만 내릴 수 있으면 돼.

'잘못된 결정을 내리면 어쩌지' 하고 고민하다 보면 결국 아무것도 결정할 수 없어요. 언제나 완벽하게 옳은 결정을 내릴 수는 없답니다. 현재 상황에서 가장 합리적인 결정이 바로 가장 좋은 결정이에요. 물론 시간이 흐른 뒤에 틀린 것으로 드러날 수도 있지만 이 역시 충분히 있어도 되고, 있을 수도 있는 일이랍니다.

3 나 자신을 믿고 스스로의 생각을 충분히 물어보기

내가 정말 원하는 게 무엇인지 아는 사람은 나 자신뿐이야!

자신감 부족으로 결정을 내리고 싶지 않을 때는 '뭐가 되든 상관없다'는 식의 기분이 들기 쉬워요. '난 다 좋다'라며 남에게 결정을 미루기도 하죠. 하지만 내가 정말로 원하는 게 무엇인지 아는 사람은 나 자신뿐이에요. 그러니 결정을 내리기 힘들다고 해서 무조건 남에게 결정을 맡기지 말고, 차분히 자신에게 물어보아요. 내가 정말로 무엇을 원하고 어떻게 하고 싶은지 마음의 소리를 듣는 거예요. 그러면 결정을 내리기가 한결 쉬워져요.

선택 앞에 머뭇거리고 결정을 내리기가 싫다면 마음이 덜 자랐다는 뜻으로 이해할 수 있어요. 마음이 성숙한 사람은 혼자서도 용감히 선택하고 결정을 내리거든요. 사실 스스로 결정하기를 피하고 늘 남의 의견을 따르는 사람은 착한 게 아니라 겁이 많은 거예요. 혹시라도 자신이 잘못된 결정을 내리고, 그로 말미암아 안 좋은 결과를 책임지게 될까 봐 겁이 나서 아예 결정 자체를 피하는 것이거든요. 이 역시 결국은 자신감이 부족하기 때문이라고 볼 수 있어요.

자신에게 이런 문제가 있다는 점을 깨달았다면 이제 작은 일부터 스스로 결정하는 연습을 시작해 보아요. 자꾸 해 보면서 경험이 쌓이면 조금씩 자신감이 붙어요. 간단하고 사소한 일이라도 혼자 결정하는 습관을 기르면 나중에는 크고 중요한 일도 과감하게 선택하고 결정하는, 자신감 있는 사람이 될 수 있어요.

심리학 박사님과 이야기 나누기

나 자신이 마음에 들지 않아요

가끔은 나 자신이 너무 마음에 안 들고 별로일 때가 있어요. 성적도 마음에 안 들고, 말솜씨도 별로고, 심지어 생김새도 만족스럽지 않고……. 그렇게 스스로에 대해 안 좋은 점만 찾아내는 자신이 밉기도 해요. 그런데 이런 마음이 생기는 이유 역시 결국은 자신감 부족 때문이에요. 이런 마음은 다른 사람을 부러워하는 심리와 비슷하지만 사실 훨씬 더 조심해야 해요. 잘못하면 자기 비하에 빠질 수 있거든요.

인생을 행복하게 살려면 무엇보다 나 자신을 사랑해야 해요. 그렇다면 어떻게 해야 나를 사랑할 수 있을까요? 나를 사랑하는 법 역시 배우고 연습할 수 있답니다.

mentality
이런 생각이 들 수 있어요

1
사람은 누구나 단점과 장점이 있어. 그건 나도 마찬가지야!

2
나한테 장점보다 단점이 많다면 그 사실을 있는 그대로 받아들이고 단점을 고칠 방법을 생각해 보자.

3
어쩌면 나 스스로 기준을 너무 높게 세워 둔 것은 아닐까? 그래서 지금의 나 자신이 마음에 들지 않는지도 몰라.

심리분석 & 힌트

연습 & 설명

1 모든 사람을 객관적으로 보기

세상에 완벽한 사람은 없어. 누구나 다른 사람의 도움이 필요한 법이야.

지금처럼 마음이 한창 자라나는 시기에는 장점이든 단점이든 무조건 크게 부풀려서 보기 쉬워요. 이는 매우 정상적인 현상이지만 그 때문에 자신감이 사라질 정도라면 조심할 필요가 있어요. 나와 남을 객관적으로 볼 수 있으려면 먼저 내가 좋아하는 동화 속 주인공이나 이야기의 인물들을 객관적으로 보는 연습부터 해 보면 좋아요. 그러면 완벽해 보이는 인물조차 반드시 누군가의 도움이 필요하다는 사실을 깨닫게 된답니다.

2 나 자신이 마음에 들지 않는 이유를 이성적으로 생각해 보기

잘 생각해 보니 그냥 습관적으로 불만을 가진 것 같아. 사실 진짜로 마음에 들지 않는 부분은 그렇게 많지 않네!

나 자신에게 불만을 느끼는 부분 중 어떤 것은 정말 그럴만한 이유가 있을 수 있어요. 만약 그렇다면 마냥 싫다고 생각하지만 말고, 마음에 안 드는 부분을 고쳐서 더욱 나은 내가 되는 기회로 삼도록 해요. 하지만 그럴만한 이유가 딱히 없는데도 나 자신이 싫다고 느껴진다면 부정적인 감정에 먹히지 않도록 힘껏 싸워야 한답니다.

3 외모보다 내면을 중시하기

얼굴은 예쁘고 잘생겨도 마음이 못된 사람도 많잖아. 생김새는 중요하지 않아.

외모 문제 때문에 고민하는 친구가 많아요. 사실 예쁘고 잘생긴 외모는 타고나는 장점인지라 어쩔 수 없어요. 그러나 한 가지, 생김새는 '나'라는 사람의 일부분일 뿐 전부를 대표하지는 않는다는 것을 기억해요. 또 겉모습이 멋있다고 반드시 속마음까지 훌륭하지는 않답니다. 아무리 예쁘고 잘생겼어도 이기적이고 못된 사람은 결국 모두에게 외면받게 마련이에요. 외모보다는 마음이 훨씬 더 중요하다는 사실을 잊지 말아요.

4 부모님께 도움 청하기

불행하다고 느껴질 때는 부모님께 솔직히 말하자.

자기비하의 감정이 너무 심할 때는 반드시 부모님에게 솔직히 말하고 도와달라고 해야 해요. 혼자 감정을 끌어안고만 있으면 갈수록 더 나빠지고 결국 손쓸 수 없는 지경에 이른답니다. 부모님을 믿고, 함께 문제를 해결할 방법을 의논해 보아요.

심리학 박사님과 이야기 나누기

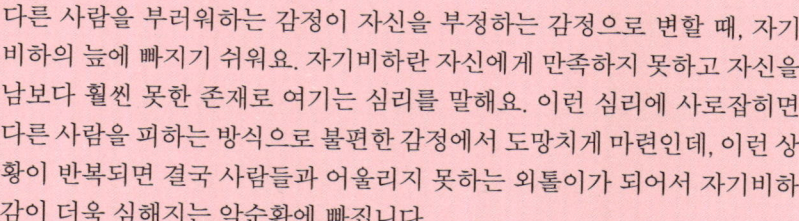

다른 사람을 부러워하는 감정이 자신을 부정하는 감정으로 변할 때, 자기비하의 늪에 빠지기 쉬워요. 자기비하란 자신에게 만족하지 못하고 자신을 남보다 훨씬 못한 존재로 여기는 심리를 말해요. 이런 심리에 사로잡히면 다른 사람을 피하는 방식으로 불편한 감정에서 도망치게 마련인데, 이런 상황이 반복되면 결국 사람들과 어울리지 못하는 외톨이가 되어서 자기비하감이 더욱 심해지는 악순환에 빠집니다.

내가 싫다는 감정이나 생각이 들 때는 반드시 자신의 '자아정체감'을 점검해 봐야 해요. 자아정체감이란 미국의 심리학자 에릭슨이 내놓은 개념으로, 쉽게 말해서 '나라는 사람에 대해 내가 갖는 지속적이고 일관성 있는 믿음과 느낌'이에요. 자아정체감을 단단하게 다지는 것은 자기비하를 없애는 가장 좋은 방법일 뿐만 아니라 올바른 가치관과 자신감을 세우는 시작이랍니다.

 ## 항상 다른 사람을 탓하고 원망해요

일이 뜻대로 되지 않거나 안 좋은 결과가 나오면 자신도 모르게 자꾸 다른 사람 탓을 하는 친구가 있어요. 혼자 속으로 남을 손가락질하기도 하고, 대놓고 부모님을 원망하기도 해요.

자신감 부족이 자포자기가 아니라 남을 탓하고 원망하는 모습으로 나타날 때도 있어요. 물론 책임을 분명히 따지거나 잘잘못을 가리는 게 나쁘다는 뜻은 아니에요. 그러나 버릇처럼 남을 탓하고 원망하는 사람은 결국 누구에게도 환영받지 못한답니다. 그렇기 때문에 이 문제는 반드시 심각하게 생각해 보아야 해요.

mentality
이런 생각이 들 수 있어요

재만 아니었으면 일이 이렇게 되지 않았어!

쟤는 너무 못해. 우리 팀 전체의 발목을 잡고 있잖아.

재만 아니었으면 나도 이 꼴이 되진 않았을 텐데.

일이 이 지경이 된 건 전부 쟤 탓이야!

심리분석 & 힌트

1. 사람은 누구나 잘못할 수 있어. 저 애도 일부러 그런 것은 아니잖아.

2. 결과가 이렇게 된 데는 여러 가지 원인이 있어. 한 사람의 잘못만은 아니야.

3. 과연 나라고 저 아이보다 더 잘할 수 있었을까?

4. 어떤 일이든 남보다 나 자신에게서 먼저 원인을 찾자!

연습 & 설명

1 다른 사람의 작은 잘못을 너그럽게 봐주는 마음 기르기

맞아, 남 탓하고 원망만 해서는 어떤 문제도 해결할 수 없어!

다른 사람의 작은 잘못을 너그럽게 봐주는 마음을 길러야 해요. 왜냐하면 사람은 누구나 잘못할 수 있거든요. 나도 언제 어떤 잘못을 할지 알 수 없는 일이고요. 따라서 다른 사람의 작은 잘못을 너무 크게 부풀려서 원망하지 않는 게 좋아요. 게다가 마냥 남을 탓하고 원망만 해서는 어떤 문제도 해결되지 않는답니다.

2 잘잘못을 따질 수 없는 일이 있다는 점 인정하기

매사에 잘잘못을 따지는 건 너무 피곤한 일이야!

모든 일이 무 자르듯 정확하게 잘잘못을 가릴 수 있는 것은 아니에요. 사실 친구와 문제가 생겼다면 어느 한 사람의 잘못이 아닌, 두 사람 모두에게 책임이 있을 가능성이 크답니다. 따라서 단순히 상대방을 탓하거나 원망하기만 해서는 곤란해요.

3 습관적인 원망과 비난 버리기

"솔직히 가끔은 아무 이유 없이 남을 탓하고 원망할 때가 있어. 내가 생각해도 이상하다니까!"

문제만 생기면 자신도 모르게 원망하고 비난할 대상을 찾는 친구가 있어요. 심지어 일이 이렇게 된 것이 그 누구의 잘못도 아닐 때조차 말이죠. 이러한 습관적인 원망과 비난은 나에게도, 남에게도 큰 상처를 남기기 때문에 반드시 버려야 해요.

4 원망과 비난을 받으면 어떤 기분일지 상상해 보기

남에게 손가락질을 받으면 누구라도 기분이 좋지 않을 거야.

그럴만한 이유가 있든 없든, 다른 사람에게 비난과 원망을 받으면 누구라도 기분이 나쁠 수밖에 없어요. 입장을 바꿔 생각해 보아요. 아무리 내가 잘못했다고 해도 다른 사람이 무조건 비난하고 탓하며 몰아세우기만 한다면 기분이 어떨까요? 아마 매우 나쁘고 화가 날 거예요. 원망과 비난은 상황을 악화시킬 뿐이라는 사실을 잊지 말아요.

심리학 박사님과 이야기 나누기

처음에 한두 번은 단순한 스트레스 해소 차원에서 남을 탓하고 원망할 수 있어요. 하지만 이런 일이 너무 잦거나 습관처럼 이뤄진다면 자신의 노력 부족을 감추기 위한 수단과 핑계 찾기로 남 탓을 악용하는 것은 아닌지 고민해 보아야 해요.

실패의 원인을 다른 사람의 잘못이나 환경 탓으로 돌리는 행동에는 사실 스스로를 불만스럽게 여기는 잠재의식이 숨어 있을 가능성이 커요. 하지만 남을 원망하기만 해서는 아무 문제도 해결되지 않을 뿐만 아니라 오히려 나의 부족한 부분만 두드러지는 결과를 낳는답니다. 이는 나를 보는 주변 사람의 시선에도 나쁜 영향을 미쳐서 친구관계를 망칠 수 있어요. 습관적인 원망이 자신을 더욱 궁지에 몰아넣는 셈이에요. 그러니 무조건 남 탓부터 하지 말고 먼저 나 자신을 돌아보고 환경에 적응하는 법을 배워 보아요. 스스로 먼저 변해야 비로소 더 나은 세상이 보인답니다.

 ## 자꾸 다른 친구를 흉봐요

남을 탓하고 원망하는 심리와 남을 흉보는 심리는 뿌리가 같아요. 바로 자신감 부족이랍니다. 어쩌면 나 자신이 못마땅한 만큼 다른 사람에게 흉볼 거리가 많이 보이는지도 몰라요. 이것도 마음에 안 들고, 저것도 눈에 거슬리는 식이지요. 때로는 친구의 작디작은 결점을 한없이 부풀려서 입방아를 찧기도 해요. "쟤는 키가 너무 작아서 난쟁이 같아", "쟤는 쌍꺼풀이 없어서 그런지 눈이 꼭 단춧구멍만 해", "걔? 완전 소심한 데다 겁쟁이잖아, 겁쟁이!" 등등……. 하지만 그거 알고 있나요? 남의 흉을 보면 볼수록 나는 점점 더 못되고 잔인하며 함께 있기 힘든 사람으로 변한답니다!

남의 흉을 보는 버릇은 친구관계를 망치기 때문에 심각하게 생각하고 대처해야 해요. 친구들과 사이가 나쁘면 결국 자신감에도 좋지 않은 영향을 미칠 수 있어요.

mentality
이런 생각이 들 수 있어요

걔는 딱 봐도 별로 좋은 애 같지 않아.

내가 힘든 걸 보고도 도와주지 않는데 어떻게 좋은 친구라고 하겠어?

너는 너무 많이 먹어. 난 먹보랑 친구를 할 수 없어.

나랑 친구가 되려면 일단 예쁘고 잘생겨야 해. 그게 기본이야.

심리분석 & 힌트

1 만약 다른 친구가 내 흉을 본다면 기분이 어떨까?

2 다른 사람의 눈에 거슬리는 면이 항상 보인다면 분명히 나한테 문제가 있는 거야.

3 사람은 누구나 부족한 점이 있어. 그런데 늘 그 부족한 점만 보는 것은 문제 아닐까?

4 맨날 남의 흉만 보면 결국 아무도 나와 친구가 되려 하지 않을 거야.

연습 & 설명

1 자기반성부터 하기

때로는 나 자신을 먼저 돌아봐야 해.

남의 흉을 보는 게 지나쳐서 친구가 없을 정도라면 분명히 나에게 문제가 있는 거예요. 먼저 자신을 돌아보고 반성할 필요가 있어요. 혹시 친구를 볼 때 너무 높은 기준을 적용하고 있지는 않나요? 내가 흉보는 친구의 단점이 정말 그렇게 심각한가요? 친구를 흉봐도 될 만큼 나는 완벽한 사람인가요?

2 다른 사람 칭찬하는 법 배우기

도와줘서 고마워! 네 덕분에 일을 잘 마칠 수 있었어.

다른 사람을 흉보지 않는 가장 확실하고 좋은 방법은 반대로 칭찬하고 인정하는 것이에요. 먼저 사람은 누구나 완벽하지 않다는 사실을 받아들여야 해요. 이 세상에 완벽한 사람은 없어요. 다른 사람을 칭찬할 수 있으려면 먼저 다른 사람의 도움을 받아들이고 함께하는 것부터 시작해야 해요. 그래야 상대의 장점을 발견하고 마냥 흉만 봤던 과거의 자신을 반성할 수 있답니다.

3 친구를 사귀는 기준 점검하기

멋지고 예쁘고 착하고 공부까지 잘하는 친구가 과연 어디 있겠어? 또 나는 과연 그런 친구일까?

친구를 볼 때 지나치게 까다롭고 흠을 잘 잡는다면 친구 사귀는 기준이 올바른지 점검해 보아야 해요. 어쩌면 잘못된 선입견이나 나 자신도 이해할 수 없는 말도 안 되는 기준에 사로잡혀서 정말 좋은 친구를 사귈 기회를 놓치고 있는지도 모르기 때문이죠. 이런 기준들은 친구를 사귀는 데 아무런 도움이 안 된답니다. 어쩌면 반대로 이런 기준을 만들어 놓고 자신에게 친구가 없는 이유를 남 탓으로 돌리며 위안으로 삼고 있는지도 모르고요. 먼저 나의 문제를 인정하고 스스로 변해야 비로소 나를 둘러싼 환경도 변한다는 사실을 기억해요.

심리학 박사님과 이야기 나누기

흉보기는 인간관계를 망치는 아주 나쁜 습관이에요. 게다가 늘 남의 흉을 입에 달고 사는 사람은 결국 다른 이들의 미움을 받고 외톨이가 되기 쉬워요. 그런데도 왜 흉보기를 그만두지 못하는 걸까요?
때로는 자신감이 없는 탓에 다른 사람을 깎아내리는 방식으로 마음의 위로를 얻으려 하는 것일 수 있어요. 남을 나보다 못한 사람으로 깎아내리면 내 안에 반짝이는 부분이 없어도 조금은 안심이 되거든요. 또는 '완벽주의' 때문에 다른 사람에게 까다로워지기도 하고, 반대로 남이 나보다 잘난 것이 부러운 나머지 시기하는 마음으로 흉을 보기도 해요. 어떤 이유에서 그랬든, 흉보기는 가장 간단하고 쉬운 자기보호 방법으로 쓰이죠. 하지만 남의 흉을 잘 보는 사람은 결국 모두에게 미움받고 외톨이가 되기 쉽기 때문에 자기를 보호하려던 본래 의도와 달리 오히려 더욱 큰 상처를 입게 된답니다. 따라서 남 흉보기는 반드시 고쳐야 할 나쁜 습관이에요.

 성취감을 느낄 수 없어요

자신감이 부족하면 무슨 일을 하든 성취감을 느끼기 힘들어요. 성취감이란 무엇일까요? 성취감이란 바라는 바와 현실이 똑같을 때 생기는 감정이에요. 쉽게 설명해서 자신이 한 일에 대한 만족감과 기쁨, 해냈다는 느낌을 말해요.

성취감은 자신감의 중요한 기초예요. 공부할 때도 성취감이 있으면 마치 튼튼한 엔진이 달린 자동차처럼 더 높은 목표를 향해 달려갈 힘이 생기죠. 성취감은 우리에게 행복한 기분과 건강한 마음, 온전한 인격을 갖게 해 주기 때문에 성취감을 느끼지 못한다는 것은 매우 심각한 문제랍니다.

심리분석 & 힌트

1. 인생에는 기뻐하고 자랑스러워할 만한 일이 잔뜩 있어.

2. 여태껏 자라 온 과정만 봐도 내가 얼마나 많이 성장했는지가 보여.

3. 작은 발전과 사소한 기쁨을 누리자.

연습 & 설명

1 스트레스 내려놓기

스트레스를 너무 많이 받으면 사는 게 재미없게 마련이지. 스트레스부터 해결하자!

어떤 일을 해도 성취감이 느껴지지 않는다면 스스로 스트레스가 너무 크지는 않은지 점검해 보아요. 스트레스를 많이 받으면 자신감이 떨어지고 성취감을 느끼지 못하는 문제가 생기니까요. 만약 정말 그렇다면 무엇보다도 스트레스를 해소하는 게 먼저예요.

2 목표와 목적 정리하기

목표를 이루려고 노력하는 과정 자체를 충분히 즐기자!

내가 하는 모든 일의 목표와 목적을 정리해 보면 내가 왜 이 일을 하는지, 어떤 기대를 가지고 있는지를 일목요연하게 알 수 있어요. 그러면 목표나 목적을 달성하기 위해 노력하는 과정 자체에서도 기쁨과 성취감을 얻을 수 있답니다.

3 자신의 성과를 친구와 나누기

친구에게 잘했다는 칭찬을 들으면 훨씬 쉽게 성취감을 느낄 수 있어!

때로 충분히 잘해 놓고도 성취감이 느껴지지 않는다면 자신의 성과를 함께 나눌 사람이 없기 때문일 수 있어요. 그래서 평소에 함께 기쁨을 나누며 서로 칭찬하고 격려해 줄 친구관계를 만드는 것이 중요해요. 함께 나누면 혼자일 때보다 성취감이 훨씬 더 커진답니다.

심리학 박사님과 이야기 나누기

아주 유명한 '매슬로의 욕구 단계 이론'에 따르면 성취감은 자아실현 욕구에 해당돼요. 자아실현 욕구는 생리적 욕구, 안전 욕구, 소속과 애정의 욕구, 존경의 욕구 위에 있는 가장 높은 단계의 욕구예요. 앞의 네 가지 욕구와 달리 성취감은 정신적인 것으로 내면의 자아정체감에서 비롯됩니다. 따라서 이런 종류의 성취감을 찾고 누리는 것은 자신감을 기르고 다지는 데 매우 중요하고 특별한 의미를 가져요.

특히 성취감은 내면에 나 스스로 정해 놓은 기준에 따라 달라져요. 그렇기 때문에 다른 사람과 비교할 필요도 없고, 성취감 자체에 절대적인 높고 낮음도 없어요. 성취감은 스스로에 대한 지극히 주관적이고 긍정적인 감정과 인정, 만족감이에요. 그래서 성취감이 있으면 다음 목표를 향해 계속해서 나아갈 힘과 끈기가 생긴답니다.

제 4 장
강화 편

★ 아는 것이 많아지면 자신감도 커져요!

★ 경쟁이 두렵지 않아요!

나는 운동신경도 없고, 잘하지도 못하고, 경쟁하는 것도 싫어.

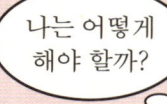

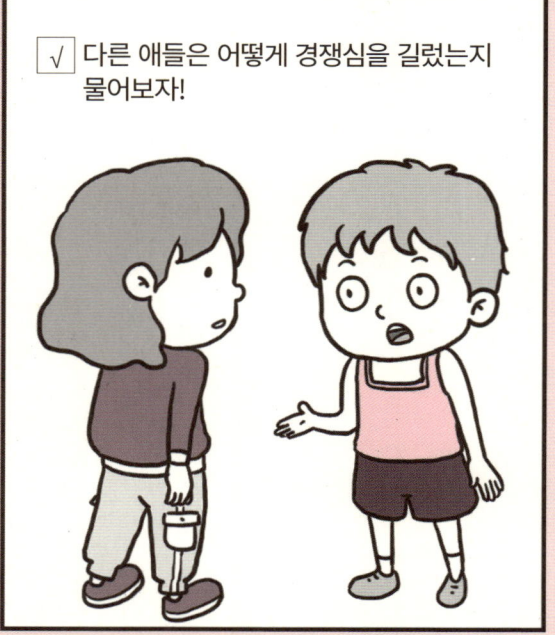

자신감을 기르는 방법은 이것 말고도 아주 많아요. 계속 읽어 봐요!

친구관계를 통해 자신감을 길러요

친구 사귀기를 좋아하나요? 주변에 친구가 많은가요? 평소 반 친구들과 잘 어울리나요? 스스로 자신감이 부족하다고 느낀다면 먼저 위의 질문에 대답해 보아요. 만약 부정적인 대답이 더 많다면 주의해야 해요. 왜냐하면 좋은 인간관계는 자신감을 기르는 데 매우 중요하거든요. 친구관계가 원만하지 못한 경우 자신감이 떨어질 가능성이 커요. 반대로 친구관계가 좋으면 늘 외롭지 않고 우정이 주는 즐거움을 만끽할 수 있으며 서로 돕고 응원하는 경험도 쌓을 수 있답니다. 그 결과 자신감도 강해져요!

mentality
이런 생각이 들 수 있어요

친구를 어떻게 사귀어야 할지 모르겠어. 귀찮기도 하고. 혼자여도 괜찮아.

애들이 날 좋아할지 어쩔지도 모르니, 그냥 먼저 다가올 때까지 기다리자.

어쩐지 나만 잘 어울리지 못하는 것 같아. 왜일까?

친구가 말을 걸면 긴장되고 얼굴이 빨개져!

심리분석 & 힌트

1. 친구들과 함께 노는 것은 언제나 즐거워!

2. 내가 어려울 때 제일 먼저 도와줄 사람도 바로 친구들이야.

3. 이제 보니 애들도 나를 아주 좋아하네!

4. 나도 친구들을 도울 수 있는 게 아주 많아!

연습 & 설명

1 주도적으로 친구 사귀기

내가 먼저 적극적으로 도와주면 친구도 나를 도와줄 거야!

친구를 사귀며 자신감을 기르고 싶다면 먼저 자신만의 틀에서 벗어나 주도적으로 먼저 친구를 사귀어 보아요. 어떤 친구는 쑥스럽다는 이유로 다른 아이들이 먼저 다가와 주기만을 기다리기도 해요. 하지만 친구 사귀기는 언제나 쌍방향이랍니다. 내가 적극적인 모습을 보여야 다른 친구들도 비로소 적극적으로 나에게 다가올 수 있어요.

2 내가 필요한 존재라는 사실 깨닫기

내가 친구에게 소중한 존재라니, 너무 기쁘다!

친구관계를 통해 우리는 자신이 소중한 존재임을 깨달을 수 있어요. 친구가 나를 소중한 친구로 여겨 주고, 나와 함께 있을 때 즐거워하는 것을 자꾸 느끼다 보면 자기 존재감이 커지고 자신감 역시 강해진답니다.

3 친구관계에서 문제를 해결하는 능력 기르기

친구관계를 통해 많은 것을 배울 수 있구나!

일상생활의 수많은 문제 중 상당수가 인간관계 때문에 생긴다는 사실을 아나요? 그래서 어려서부터 친구 사이의 문제를 해결하는 능력을 기르면 어른이 되어서도 꽤 많은 일을 능수능란하게 처리할 수 있어요. 예를 들어 친구와 다투었다면 어떻게 할까요? 새로운 친구를 사귀려면 또 어떻게 해야 좋을까요? 이런 문제들을 해결하는 경험을 쌓으면서 여러 상황에 대처하는 능력을 기를 수 있어요.

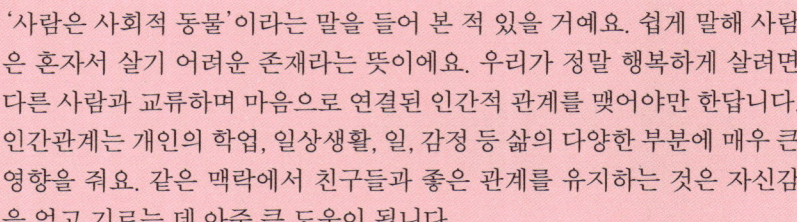

심리학 박사님과 이야기 나누기

'사람은 사회적 동물'이라는 말을 들어 본 적 있을 거예요. 쉽게 말해 사람은 혼자서 살기 어려운 존재라는 뜻이에요. 우리가 정말 행복하게 살려면 다른 사람과 교류하며 마음으로 연결된 인간적 관계를 맺어야만 한답니다. 인간관계는 개인의 학업, 일상생활, 일, 감정 등 삶의 다양한 부분에 매우 큰 영향을 줘요. 같은 맥락에서 친구들과 좋은 관계를 유지하는 것은 자신감을 얻고 기르는 데 아주 큰 도움이 됩니다.

좋은 친구관계를 만드는 기술은 아주 많아요. 그중에 제일 간단하고 실천하기 쉬운 방법을 소개할게요. 올바른 대화의 방법으로 잘 알려진 'SOLER 기법'이에요. S는 Sit, 바르게 상대와 마주 보고 앉아요. O는 Open, 열린 자세와 마음가짐으로 대화를 나눠요. L은 Lean, 몸을 상대 쪽으로 살짝 기울여 상대방에게 집중해요. E는 Eye contact, 대화할 때는 상대의 눈을 바라봐요. 마지막으로 R은 Relax, 편안하고 자연스럽게 상대를 대하는 것을 말해요. 대화할 때 의식적으로 SOLER 기법을 활용하면 상대의 호감을 얻을 수 있을 뿐만 아니라 자신을 훨씬 다가가기 쉬운 사람으로 보이게 함으로써 좋은 친구관계를 맺는 데 큰 도움을 얻을 수 있답니다.

31 선생님의 칭찬과 꾸중을 바르게 해석하고 받아들여요

우리 친구들은 한창 성장하는 시기이기 때문에 '나는 어떤 사람인가'를 깨달아 가면서 다른 사람, 특히 어른의 영향을 많이 받을 수밖에 없어요. 어른 중에서도 가장 많은 영향을 주는 사람을 꼽으라면 단연 선생님일 거예요. 자연히 선생님의 칭찬 한마디, 꾸중 한마디에 엄청난 의미를 부여하며 그에 따라 기분이 좌지우지되기 쉽답니다.

선생님께 칭찬을 받으면 자신감이 하늘을 찌를 듯 높아졌다가 꾸중을 들으면 언제 그랬냐는 듯 사라져서 고민해 본 적 있나요? 이는 이상한 일이 아니에요. 그만큼 선생님에게 많은 영향을 받는다는 뜻이니까요. 그러나 영향을 많이 받는 만큼 선생님의 칭찬과 꾸중을 객관적으로 바르게 보는 눈을 가져야 해요. 그래야 자신감을 기르는 데 긍정적인 도움을 얻을 수 있답니다.

mentality
이런 생각이 들 수 있어요

- 오늘 선생님이 아이들이 전부 있는 자리에서 나를 칭찬하셨어. 하늘을 나는 기분이야!
- 오늘 선생님이 아이들이 전부 보는 데서 날 꾸짖으셨어. 창피해! 내일부터 애들을 어떻게 보지?
- 선생님이 나를 계속 나쁜 아이로 보시면 어떡해?
- 선생님은 왜 다른 애들만 칭찬하시고 나에게는 아무 말씀도 안 하셨을까? 나한테 관심이 없으신가?

심리분석 & 힌트

1. 선생님께 칭찬받는 것은 분명히 기분 좋은 일이야.

2. 내가 잘못했으니까 선생님께 꾸지람을 들은 거야. 너무 주눅 들지 말자. 잘못은 고치면 돼.

3. 혼났으니 기분 나쁜 건 당연하지만, 다 나를 위해서 하신 말이라는 점만큼은 잊지 말자.

4. 앞으로는 선생님께 꾸중 듣지 않도록 노력하면 돼. 힘내자!

연습 & 설명

1 누구나 칭찬과 꾸중을 들을 수 있다는 점 기억하기

선생님이 편애하시는 게 아니야. 누구든 선생님께 칭찬받거나 꾸중을 들을 수 있어.

가끔은 선생님이 누구는 칭찬만 하고, 누구는 꾸중만 하는 것 같다는 착각이 들 때가 있어요. 마치 몇몇 친구만 예뻐하시는 것처럼 보일 때도 있고요. 하지만 실은 누구나 선생님께 칭찬도, 꾸중도 들을 수 있답니다. 이 사실을 바르게 깨닫고 나면 선생님의 칭찬이나 꾸중 한마디에 자신감이 부풀거나 사라지지 않게 돼요.

2 선생님의 칭찬과 꾸중이 나를 위한 것임을 깨닫기

절 일깨우고 응원해 주셔서 감사합니다, 선생님!

꾸중 한마디에 감정이 크게 요동치고 심지어 자신감까지 사라진다면 평소 칭찬받는 데만 너무 익숙해져 있지 않은지 한번 돌아보아요. 칭찬받았을 때 기뻐하는 만큼 꾸중을 듣고 나빠진 기분도 다스릴 줄 알아야 한답니다. 선생님이 혼낸 이유가 다 나를 일깨우고 응원해 주시기 위한 것이라고 생각하면 꾸중 한마디에 자신감이 오락가락하는 일은 없을 거예요.

3 꾸중을 듣고 마음이 힘들 때는 칭찬받았던 기억 떠올리기

선생님이 오늘은 비록 나를 혼내셨지만 저번 주에는 엄청 칭찬해 주셨잖아? 너무 기죽지 말자!

선생님께 꾸중을 들은 후 좀처럼 기분이 나아지지 않는다면 어떻게 해야 할까요? 그럴 때는 예전에 칭찬받았던 기억을 떠올려 보아요. 좋은 기억 떠올리기는 나쁜 기분을 이기는 가장 효과적인 방법이랍니다. 아마 답답한 마음이 누그러지고 기운이 날 거예요.

선생님의 칭찬 한마디, 꾸중 한마디에 기분이 오락가락 널뛴다면 칭찬과 꾸중을 객관적으로 인식하지 못하고 있다는 뜻이에요. 칭찬이란 바른 생각과 행동을 인정하고 칭송해 주는 것이고, 꾸중은 잘못된 생각과 행동을 부정하고 바로잡기 위한 것입니다. 여기에는 더 이상 잘못을 저지르지 않게 돕겠다는 의도도 포함되어 있어요. 다시 말해 칭찬과 꾸중은 겉으로 나타나는 형식만 다를 뿐 목적은 같아요. 바로 우리의 생각과 행동을 올바른 방향으로 이끌려는 것이죠.
사람은 누구나 장점과 단점이 있어요. 장점은 발전시켜야 하고 단점은 고쳐야 해요. 장점을 발전시키기 위한 것이 칭찬이고, 단점을 고치기 위한 것이 꾸중이랍니다. 드러난 형식은 다르지만 서로 보완하고 보조하며 같은 목적지를 향해 가는 셈이죠. 그 목적지는 바로 '나'를 온전하고 바른 사람으로 길러 내는 것이에요. 이 점을 깨닫고 나면 나를 향한 칭찬과 꾸중을 남의 것과 비교하지 않고 있는 그대로 받아들이며, 자신의 성장을 위한 자양분으로 삼을 수 있게 됩니다.

심리학 박사님과 이야기 나누기

 ## 부모님과 함께하며 자신감을 얻어요

아마 여러분 대부분은 평소 부모님과 잘 지낼 거예요. 부모님과 관계가 좋으면 확실히 마음이 안정되고 편안해져요. 하지만 자신감을 기르려면 부모님과 관계가 '좋은 것'만으로는 부족하답니다. 단순히 좋은 관계가 아니라 건강한 관계를 맺을 수 있어야 해요. 그래야 비로소 외부의 변화에 용감히 대처할 자립심과 자신감을 얻을 수 있어요.

부모님과의 건강한 관계에서 비롯된 자신감이 있으면 외부세계의 불안정함 때문에 흔들리지 않아요. 또한 어른에게 과도하게 의지하지 않고 혼자서 일상의 갖가지 일을 해낼 자립심이 생깁니다.

mentality
이런 생각이 들 수 있어요

아빠 엄마는 항상 나에게 아무것도 신경 쓰지 말고 공부만 하라고 하셔. 지금 나한테 중요한 건 공부를 잘하는 것뿐이야.

공부 말고 다른 일은 부모님이 나 대신 다 해 주시니까 편하긴 해.

엄마 아빠의 말씀이 진리야. 가끔 아니라는 생각이 들어도 차마 말할 수 없어.

나는 사소한 비밀도 없어. 엄마 아빠의 눈을 벗어날 수가 없거든. 심지어 부모님이 내 일기장도 다 보시는걸, 뭐.

심리분석 & 힌트

1 부모님이랑 나는 친한 친구 같은 사이야.

2 나도 부모님을 도와 집안일을 할 수 있을 만큼 컸어.

3 혼자 할 수 있는 일은 일단 혼자 해 보고, 정 못하겠으면 그때 부모님께 도와달라고 하자.

4 부모님은 나의 가장 좋은 친구이자 가장 든든한 배경이야!

연습 & 설명

1 조금씩 자립심 기르기

나한테 부모님이 모르시는 비밀이 있나? 없다면 그것도 안 될 말! 오늘부터 나만의 작은 비밀을 갖자!

부모님께 너무 의존하면 살면서 만날 수많은 문제를 스스로 해결할 능력을 기르기가 매우 어려워져요. 물론 지금은 엄마 아빠께 기댈 수밖에 없어요. 아직은 부모님의 손길이 필요하거든요. 하지만 지나치면 곤란해요. 특히 혼자서 할 수 있는 일조차 부모님께 의존하는 것은 금물이에요. 이제부터는 할 수 있는 한 부모님께 덜 기대고, 홀로 설 수 있는 자립심을 길러야 해요. 먼저 작은 비밀을 갖는 일부터 시작해 보아요. 비밀이 생긴다는 것은 부모님과 내가 그만큼 분리된다는 뜻이에요. 오늘부터 부모님이 함부로 볼 수 없는 나만의 일기를 써 보면 어떨까요?

2 먼저 나서서 집안일 돕기

이제부터 가족회의 사회자는 제가 할게요!

내 방 청소는 내가 책임질 테니 맡겨만 주세요!

이제부터는 당당한 가족 구성원의 한 사람으로서 할 수 있는 집안일은 스스로 하도록 해요. 솔선해서 가족회의의 사회자를 맡고 내 방 청소는 반드시 내가 하는 등 부모님께 기대지 않고 혼자 할 수 있는 일들을 점점 늘려 나아가는 게 좋아요.

3 할 수 없는 어려운 일은 부모님께 도움 구하기

내가 해결할 수 없는 어려운 일이 생기면 가장 먼저 부모님께 말하자!

어떤 친구는 자립하겠다는 이유로 어려운 문제가 생겨도 부모님께 도움을 청하지 않고 혼자 끙끙 앓다가 더 큰 어려움을 겪기도 해요. 도움이 필요할 때는 마땅히 도움을 청해야 해요. 부모님은 꼭 도와주실 거예요. 그러니 부모님을 믿고, 혼자서 해결할 수 없는 일이 생겼을 때는 제일 먼저 부모님과 상의해요.

심리학 박사님과 이야기 나누기

부모님은 우리가 가장 오랜 시간을 함께하는 제일 친근한 사람이에요. 그런 부모님과 어떻게 지내는 것이 과연 가장 건강하고 바를까요?
아동기를 지나 청소년기로 넘어가면 우리는 '제2의 탄생'을 맞이하게 돼요. 심리학자들은 이 시기를 '두 번째 위기'라고 부른답니다. 아기 때 더 이상 엄마의 젖을 먹지 않게 되면서 신체적으로 부모와 분리되는 것이 첫 번째 위기였다면 청소년기에는 정신적으로 부모와 분리되는 두 번째 위기를 겪게 된다는 뜻이에요. 이 시기에는 자아의식이 강해지고, 감정 세계도 점차 풍성해지고 강렬해집니다. 또래관계를 매우 중시하고요. 심리적으로 성숙하면서 자신만의 비밀과 자립성을 갖고 싶어 하지만, 또 한편으로는 아직 미성숙한 심리가 남아 있는 만큼 여전히 부모의 손길과 지원을 필요로 해요. 따라서 이 시기에는 기존에 부모님과 맺었던 관계의 방식을 조금씩 바꿔 나아갈 필요가 있어요. 부모님과 솔직히 대화하고 소통하면서 가장 좋은 방식을 함께 찾아보아요.

더 많은 것을 알고 배워요

가끔은 언니와 오빠, 누나와 형이 부럽지 않나요? 어쩌면 그렇게 아는 것도 많고 할 줄 아는 일도 많은지, 정말 대단해 보일 때가 있어요. 내가 만약 그들처럼 아는 게 많다면 언제 어디서든 우물쭈물하지 않고 자신감 있게 당당할 수 있을 거라는 생각이 들기도 하지요.

맞아요. 경험이 많지 않고, 아는 것도 적고, 보고 들은 것조차 부족하다면 누구나 자신감이 떨어질 수 있어요. 반대로 지식이 많으면 문제를 이성적으로 분석하는 사고력을 가질 수 있고 합리적인 판단을 내릴 수 있답니다. 그만큼 자신감도 커지겠죠?

mentality
이런 생각이 들 수 있어요

심리분석 & 힌트

1. 세상이 이렇게나 넓은데, 한바탕 돌아보고 훑어봐야 하지 않을까?

2. 아아, 이런 거였구나. 알고 보니 별로 대단한 것도 없네!

3. 나도 얼마든지 박학다식한 사람이 될 수 있어!

연습 & 설명

1 공부만 잘하면 된다는 잘못된 생각 버리기

시험을 잘 본다고 해서 반드시 남보다 아는 게 많은 것은 아니야!

뛰어남이나 성공, 능력에 대해 지나치게 단순한 정의와 기준을 갖는 것은 위험해요. 예를 들어 '시험을 잘 봐야 뛰어나고 성공한 것'이라는 인식은 스스로 다른 지식을 배우고 습득하며 탐색하려는 시도 자체를 하지 못하게 만드는 장애물이 될 수 있어요. 이러한 인식은 자신감 기르기에 전혀 도움이 되지 않는답니다.

2 지식을 통해 자신감 얻기

박물관도 가고 과학관도 가 보자. 이제 교과서 밖의 지식을 배울 때야!

자신감을 북돋아 주는 요소에는 여러 가지가 있는데 지식도 그중 하나예요. 어려서부터 다양한 지식을 배우고 접한 사람은 자연히 지적 자신감이 뛰어나답니다. 여행이 좋은 이유도 여기 있어요. 부모님과 함께 다양한 장소를 가 보고, 많은 것을 보고 들으며 교과서 밖의 지식을 얻을 수 있기 때문이죠. 자주 여행을 가기 어렵다면 박물관이나 과학관을 가는 것도 큰 도움이 돼요.

3 지식과 감성의 조화로운 발달 이루기

내가 아는 것은 세상의 아주 작은 부분에 불과해. 이 세상에는 내가 모르는 수많은 사람이 각자 전혀 다른 방식으로 살아가고 있어!

진짜로 박학다식한 사람이 되려면 지식뿐만 아니라 감성도 갈고닦아야 해요. 예를 들어 오랫동안 도시에서만 살았다면 시골이 낯설고 이상해 보일 수 있어요. 그러나 부모님과 몇 번 시골생활을 경험해 보면 시골도 더 이상 낯설거나 이상하지 않은, 당연하고 평범한 곳으로 받아들여져요. 내가 아는 세계가 좀 더 넓어지는 셈이죠. 이처럼 감성이 자라면 마음도 넓어지고, 자연히 주변에서 일어나는 일들을 지나치게 까다롭거나 예민하게 생각하지 않게 된답니다.

자신감 넘치는 사람은 아는 것도 많고, 자신과 세상을 객관적으로 보고 이해합니다. 자연히 스스로 빛을 내며 다른 사람을 끌어들이지요. 그에 비해 배움과 경험이 부족하고 모르는 게 많으면 자신감이 사라지고 어쩐지 자꾸 주눅 들게 됩니다.
그러니 자신감을 기르고 싶다면 많이 배우고, 경험하고, 느끼세요. 새로운 친구 사귀기를 주저하지 말고, 새로운 곳으로 모험을 떠나세요. 여러 방법을 통해 시야를 넓히고 지식을 쌓고 감성을 키우면 자신감의 크기도 점점 더 커진답니다.

심리학 박사님과 이야기 나누기

 취미와 흥미를 가져요

'나는 많은 것에 흥미를 느끼는 사람인가?'
자신에게 물어보세요. 만약 그렇다면 그대로 계속 발전시켜 나아가면 돼요. 하지만 아니라면 변화를 시도할 필요가 있어요. 주변의 친구들을 보아요. 흥밋거리가 많은 친구일수록 뭐든 더 용감하게 도전하고, 새로운 친구도 좀 더 잘 사귀지 않나요? 친구관계도 더 좋고 말이죠.
취미와 흥밋거리가 많은 사람은 평소 즐겁게 생활할 뿐만 아니라 성취감을 얻기도 더 쉽답니다. 여러 시도를 거치면서 자신의 장점을 분명하게 발견할 수 있기 때문이죠. 당연히 자신감을 기르는 데도 엄청난 도움이 돼요!

mentality
이런 생각이 들 수 있어요

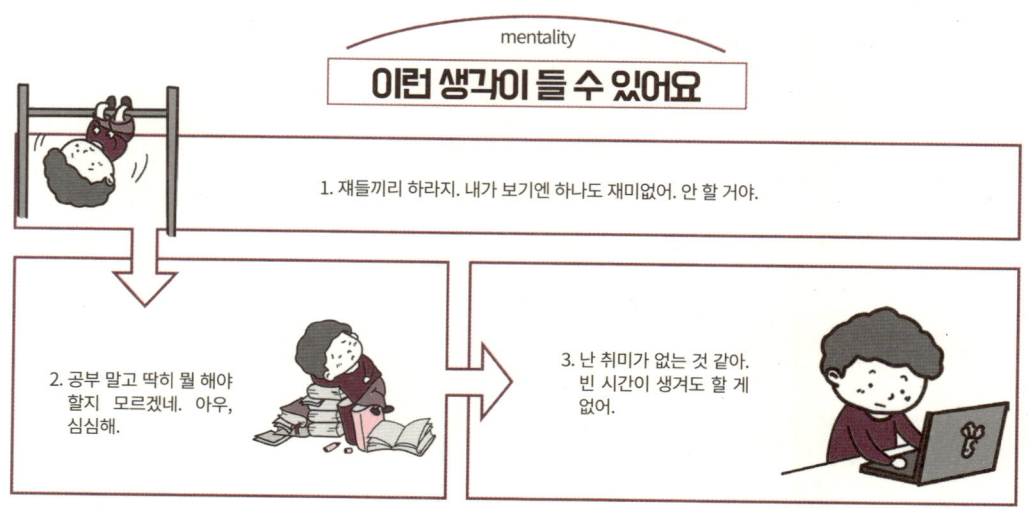

1. 쟤들끼리 하라지. 내가 보기엔 하나도 재미없어. 안 할 거야.
2. 공부 말고 딱히 뭘 해야 할지 모르겠네. 아우, 심심해.
3. 난 취미가 없는 것 같아. 빈 시간이 생겨도 할 게 없어.

심리분석 & 힌트

1. 취미가 생기면 하루하루가 훨씬 다채롭고 재미있을 거야!

2. 공부 말고도 관심 가는 일이 많아져서 정말 좋아.

3. 새로운 취미 활동을 하면서 새 친구도 생겼어.

4. 취미가 장점이 되니까 성취감도 생기네!

연습 & 설명

1 열린 마음 갖기

앞으로는 호기심 많은 사람이 되자!

왜 취미나 흥밋거리를 많이 가지라고 할까요? 취미나 흥밋거리가 많은 사람은 마음이 비교적 열려 있고, 마음이 열려 있으면 그만큼 새로운 것을 많이 접하고 체험할 수 있기 때문이에요. 이는 자신감을 기르는 데 매우 큰 도움이 된답니다. 그렇다면 어떻게 해야 취미와 흥밋거리를 더 많이 가질 수 있을까요? 무엇보다 궁금증과 호기심을 갖고 우지하는 게 중요해요!

2 취미를 장점으로 발전시키기

취미를 통해 성취감을 얻고, 내가 얼마나 많은 장점을 가졌는지 깨달을 수 있어!

처음에는 취미로 시작한 일이라도 꾸준히 시간을 투자하면 점점 더 능숙하고 잘하게 돼요. 예를 들어 축구가 취미라고 해 봐요. 시간과 노력을 들이고, 또 그만큼 잘하게 되면 결국은 축구가 나의 장점이 될 수 있어요. 이처럼 취미를 통해 성취감을 얻고, 또 취미를 발전시켜서 나만의 장점으로 만들 수도 있답니다.

3 취미를 통해 다양한 친구 사귀기

공통된 취미나 흥밋거리가 있으면 좀 더 쉽게 친구가 될 수 있어.

공통된 취미나 흥밋거리가 있으면 친구와 금방 친해질 수 있어요. 또한 취미가 있으면 친구를 사귀는 범위가 넓어져서 새로운 친구를 만날 수 있고, 이 과정에서 자연히 자신감도 길러진답니다.

심리학 박사님과 이야기 나누기

취미나 흥밋거리가 많다는 것은 어떤 의미일까요? 이는 곧 우리의 생활을 지탱하는 '받침대'가 든든하다는 뜻이에요. 자신을 긍정적으로 인식하면서 끊임없이 삶의 재미를 찾을 수 있기 때문이죠. 흥밋거리가 많은 사람은 자기부정에 쉽게 빠지지 않고 계속 열정적으로 살아갈 수 있답니다.
그래서 취미와 흥밋거리를 더욱 넓혀 나아간다는 것은 곧 스스로 좌절을 이기고 극복하는 능력을 기른다는 의미이기도 해요. 스스로 마음을 즐겁게 하는 법을 깨달으면 좀 더 가볍고 유쾌하게 생활할 수 있어요. 또한 지적인 능력과 인지 능력 발달 측면에서도 도움 되는 부분이 꽤 많답니다. 그러니 이제부터 나의 흥미를 끄는 무언가를 적극적으로 찾아보아요!

 # 단체 활동에 참여해요

단체 활동에 적극적으로 참여하는 친구는 대부분 성격이 밝고 외향적이며 자신감이 넘치는 경우가 많아요. 실제로 단체 활동에 자주 참여하면 자신감을 기르는 데 도움이 된답니다.
평소에 스스로 자신감이 부족하다고 느낀다면 일부러 단체 활동에 참여하려고 노력해 보아요. 단체 활동을 하면서 친구들과 서로 돕고 함께하는 경험을 자주 쌓다 보면 스스로 갖가지 문제를 해결하고 상황에 대처할 수 있다는 믿음이 생기면서 조금씩 '나도 할 수 있다'라는 자신감이 길러져요.

mentality
이런 생각이 들 수 있어요

주목받는 건 싫어, 나한테 아무도 관심을 보이지 않았으면 좋겠어.

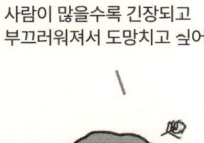

나를 드러내고 싶지 않아. 다들 나를 어떻게 생각할지 알 수 없거든.

사람이 많을수록 긴장되고 부끄러워져서 도망치고 싶어!

왜 사람들 앞에만 서면 자신감이 사라질까?

심리분석 & 힌트

1. 친구들과 더 많이 대화하고 함께할수록 서로 도울 수 있는 일도 많아지게 마련이야.

2. 나에게 호감이 있는 친구가 이렇게나 많을 줄 몰랐네.

3. 다들 나를 응원해 주는데 무서울 게 뭐 있겠어?

연습 & 설명

1 혼자라는 생각 버리기

친구들이랑 같이 노는 것도 꽤 즐거운걸!

무슨 일이든 친구들과 함께하면 훨씬 즐거워요. 용기와 자신감이 떨어지면 나도 모르게 쓸쓸해지고 온 세상에 나 혼자인 것 같은 느낌이 들 수 있어요. 그럴 때는 오히려 적극적으로 친구들에게 다가가 보아요. 친구들과 함께하면 혼자라는 기분도, 외로움도 저 멀리 사라진답니다.

2 여러 친구와의 관계 다루는 법 배우기

나를 믿고 응원해 주는 친구가 많으면 많을수록 자신감도 커지게 마련이야!

때로는 친구의 인정과 응원 덕분에 자신감이 자라기도 해요. 특히 단체 활동을 하면서 여러 친구에게 인정받으면 용기가 더욱 샘솟지요. 친구들과 서로 돕고 소통하며 갈등을 해결하는 경험을 쌓는 것도 자신감 기르기에 큰 도움이 된답니다.

3 단체 활동을 통해 자신을 알고 표현하기

나도 잘하는 게 있구나. 게다가 나의 장점을 이용해서 친구들을 도울 수도 있어!

단체 활동을 통해 우리는 자연스레 자신의 장점과 단점을 발견할 수 있어요. 이는 친구들 앞에서 자신감 있게 스스로를 드러내는 데 큰 도움이 됩니다. 단체 활동을 하다 보면 자신을 드러내고 표현하며, 책임을 나눠야 하는 순간이 한 번쯤은 오게 마련이에요. 이런 순간을 무작정 피하지 않고 당연한 일로 생각하며 담담히 대처하면 한 단계 성숙하고 발전한 내가 될 수 있어요.

심리학 박사님과 이야기 나누기

사회심리학 연구에 따르면 단체 활동은 한 사람의 심리에 매우 체계적이고 계획적인 영향을 미칠 수 있다고 해요. 특히 마음의 힘을 기르고 성품을 갈고닦는 데 큰 도움이 될 뿐만 아니라 건강한 심리 발달에도 매우 유익하답니다. 또한 단체 활동에 자주 참여하면 자기감정을 다스리는 능력, 자신을 지키는 능력, 인내력 등을 기를 수 있어요.

마음이 건강한 사람은 어떤 사람일까요? 심리학에서는 개성과 사회성이 고루 발달한 이가 마음이 건강한 사람이라고 봅니다. 개성은 한 사람의 고유한 성질로, 개성이 올바르게 발달한 사람은 자존감이 높고 스스로에 대한 믿음이 있어요. 사회성이란 타인과 잘 어우러질 수 있는 마음가짐을 말해요. 사회성이 높은 사람은 인간관계가 원만하지요. 단체 활동은 사회성을 기를 수 있는 아주 좋은 기회입니다. 단체 활동을 하려면 평소 자신이 친한 친구뿐만 아니라 잘 알지 못하는 친구와도 대화하고 서로 협력해야 하기 때문이죠. 그 과정에서 마음이 자라고, 환경에 적응하는 능력이 길러지며, 몸과 마음의 건강을 유지할 수 있답니다. 그러니 기회가 닿는 대로 단체 활동에 많이 참여해요.

 체육을 즐겨요

자신감이 부족하면 '나도 싫지만 도무지 어찌할 수 없는 내 모습'이 자꾸 튀어나와요. 경쟁 앞에 위축되거나 실패를 받아들이지 못하거나 성취감을 찾지 못하는 모습 같은 것들 말이죠. 그런데 한번 생각해 봐요. 평소에 체육을 자주 하고 또 즐긴다면 어떨까요? 경쟁심을 기르고 용기를 북돋는 데 조금은 도움이 되지 않을까요?

맞아요. 경쟁심이 있으면 어려움이 닥쳐도 쉽게 겁먹거나 긴장하지 않고 용감하게 도전할 수 있어요. 그리고 체육을 통해 바로 그 경쟁심을 기를 수 있답니다. 게다가 성취감도 얻을 수 있으니, 일석이조예요. 그러니 지금부터 체육에 좀 더 흥미를 가지는 것은 어떨까요?

mentality
이런 생각이 들 수 있어요

경쟁하기 싫어. 경쟁은 무조건 피하고 싶어!

실패할 게 분명한데도 해야 한다니, 완전히 시간 낭비잖아.

애들은 나한테 왜 이렇게 욕심이 없냐고 말하지만 상관없어.

1
이번 축구 시합에서 꼭 이긴다는 보장은 없지만 그래도 끝까지 최선을 다하자. 혹시 지더라도 얻는 게 있을 거야. 적어도 실력은 늘겠지?

2
비록 졌지만 이기려고 애쓴 모든 과정도 충분히 즐거웠어.

3
최선을 다하면 다음에는 이길 수 있을 거야.

4
결코 쉽지는 않겠지만 다 같이 힘을 모아 노력하면 얼마든지 승리할 수 있어!

심리분석 & 힌트

연습 & 설명

1 목적을 가지고 몸과 의지력 다지기

운동 계획을 짜고 의지력을 기르자!

체육 경기에 자주 참여하다 보면 자연스럽게 경쟁심이 길러지고 몸과 마음도 튼튼해져요. 또한 그 과정에서 의지력이 길러지기 때문에 결과적으로 자신감도 높아진답니다.

2 의식적으로 경쟁심 기르기

무언가 이루고 싶다면 경쟁을 두려워해서는 안 돼!

체육 활동에 자주 참여하면 경쟁심을 기르는 데 도움이 돼요. 경쟁을 습관적인 게임처럼 여길 수 있게 되면 진짜 경쟁을 해야 하는 순간이 닥쳐도 쉽게 주눅 들거나 물러서지 않게 된답니다.

3 패배 경험하기

이기고 지는 것은 누구나 겪는 일이야.

체육 경기를 하다 보면 경쟁하게 되고, 경쟁 뒤에는 반드시 승리와 패배가 뒤따르게 마련이에요. 경쟁하면서 이기고 지는 경험을 자꾸 하다 보면 지는 것도 별거 아니라는 사실을 깨닫게 된답니다. 또한 패배를 맛보며 거기서 비롯된 여러 감정을 다스리는 경험을 하고 나면 일상생활에서 어떤 어려움을 만나도 주눅 들지 않는 용기가 생겨요.

4 경쟁 뒤에 따라오는 성취감 맛보기

용기를 내서 해 보니까 성공도 별것 아니네!

패배가 있으면 승리도 있고, 실패가 있으면 성공도 있어요. 체육은 우리에게 최선을 다해 노력해서 경쟁한 사람만이 맛볼 수 있는 성취감을 준답니다. 이러한 성취감은 자신감을 기르는 데 매우 큰 도움이 돼요.

심리학 박사님과 이야기 나누기

스포츠는 몸과 정신을 고루 단련시킬 뿐만 아니라 개성 및 사회성 발달에도 매우 이로워요. 체육 경기에 적극적으로 참여하면 자신의 신체적 잠재력을 일깨우고 더욱 발전시킬 수 있어요. 이와 더불어 승패의 불확실성을 경험하며 마음이 더욱 단단하고 강해질 수 있답니다.

체육 경기를 하다 보면 기쁨, 아쉬움, 즐거움, 분노 등 다양한 감정을 체험하게 돼요. 또한 이기기 위해 스스로 단련하고 노력하는 과정과 경기 경험을 통해서 굳건한 의지력을 기를 수도 있지요. 자신의 신체적, 심리적 한계에 끊임없이 도전할 수밖에 없거든요. 승리와 패배를 겪으며 더욱 성숙한 사람으로 도약할 발판을 얻기도 해요. 그리고 바로 이러한 과정을 통해 끝없이 자신을 초월하는 정신을 기르고, 온전한 인격을 가진 한 사람으로 자라게 된답니다.

 # 나의 장점을 발견해요

자신감이 부족한 사람은 그렇지 않은 사람보다 훨씬 쉽게 남을 원망하고 자포자기해요. 심지어 자신을 단점투성이에 아무것도 할 줄 모르는 쓸모없는 사람이라고 생각하기도 하죠.
하지만 이런 자기비하는 아무런 근거도 없고, 객관적이지도 않아요. 왜냐하면 사람은 누구나 자신만의 장점이 있고 잘하는 것이 있기 때문이죠. 어떤 일 하나를 잘 못한다고 해서 아무것도 할 줄 모르는 것은 아니에요. 한 번 실패했다고 영원한 실패는 아닌 것처럼요. 이처럼 잘못된 생각과 자기비하에 빠지지 않으려면 다른 사람의 장점을 발견할 줄 아는 것 이상으로 나 자신의 장점을 발견할 수 있어야 한답니다.

심리분석 & 힌트

1. 사람은 누구나 자신만의 장점이 있어. 친구들도 그렇고, 나도 그래.

2. 생각해 보면 친구들보다 내가 잘하는 일도 있잖아?

3. 무엇을 비교하느냐에 따라 다른 거야. 쟤는 공부를 잘하고, 나는 운동을 잘해!

연습 & 설명

1 시험 성적만으로 장점과 단점 따지지 않기

성격이 좋은 것도 장점이고, 달리기를 잘하는 것도 장점이구나!

아무래도 다들 학생이다 보니 자칫하면 성적만 가지고 장점과 단점을 따질 수 있어요. 공부를 잘해야만 좋고, 공부를 못하면 잘하는 게 하나도 없다는 착각에 빠질 수 있지요. 이는 반드시 고쳐야 할 잘못된 생각입니다. 사실 사람이 가질 수 있는 장점은 여러 가지예요. 밝고 쾌활한 성격도 장점이고, 달리기가 빠른 것도 장점이죠. 단순히 공부를 잘하는 것만 장점이라고 생각한다면 아주 좁게 생각하는 셈이랍니다.

2 자신이 한 일을 객관적으로 분석하고 평가하기

이번 일은 비록 잘 안됐지만 충분한 교훈을 얻을 수 있었어!

성공했는지, 아니면 실패했는지에만 신경 쓰느라 모든 일이 끝난 후 반드시 해야 하는 객관적인 분석과 평가를 무시하는 친구가 많아요. 객관적인 분석과 평가 역시 자기 자신을 이해하고 인정하기 위한 매우 중요한 과정입니다. 어떤 일을 끝마치고 나면 자신이 어떤 부분에서 잘했고 어떤 부분에서 부족했는지 하나하나 따져 보아요. 스스로를 분석하고 평가할 수 있는 능력을 갖추면 자신의 장점과 단점을 좀 더 잘 파악할 수 있답니다.

3 자기소개할 때마다 자신의 장점 드러내는 습관 기르기

자신의 장점을 말해 보라고 하면 우물쭈물하며 망설이는 친구가 있어요. 스스로 별다른 장점이 없는 것 같기도 하고, 있더라도 자기 입으로 말하기가 부끄럽다는 거죠. 하지만 장점은 스스로 자꾸 되새기고 말로 표현할수록 더욱 강해져요. 그런 의미에서 자기소개는 아주 좋은 기회예요. 자기소개를 할 때 자신의 취미와 장점을 반드시 소개하는 습관을 기르도록 하세요. 소리 내어 말해도 전혀 부끄럽거나 위축되지 않는 장점이야말로 진정한 장점입니다.

심리학 박사님과 이야기 나누기

누구나 자신만의 장점과 강점을 갖고 있어요. 못 믿겠다고요? 그렇다면 노벨 화학상을 받은 세계적인 화학자 오토 발라흐의 이야기를 들려줄게요.
발라흐는 노벨 화학상을 받을 만큼 뛰어난 업적을 세운 훌륭한 화학자였지만 그가 성공을 거두기까지의 과정은 결코 순탄하지 않았어요. 발라흐의 부모님은 그가 문학 공부를 하기 바랐지만 학교 선생님은 단 한 학기 만에 발라흐에게 '문학에 소질이 전혀 없다'라는 평가를 내렸지요. 이후 발라흐는 미술로 방향을 바꿨지만 여기서도 혹평을 들었어요. 그러다 그의 꼼꼼하고 정확한 성격을 유심히 본 화학 선생님이 화학을 배워 보라고 제안했어요. 화학을 전공한 후, 발라흐는 자신의 잠재력을 발견했고, 마침내 역사에 길이 남을 공적을 남겼답니다.
발라흐의 이야기가 우리에게 주는 교훈은 무엇일까요? 바로 사람은 누구나 잘하는 것이 있다는 사실이에요. 자신의 장점을 발견하기만 하면 반드시 성공을 거둘 수 있어요. 발라흐의 말대로 '남들이 아무리 당신을 무능하다고 해도 당신 역시 잘할 수 있는 일이 한 가지는 있게 마련'이랍니다!

 ## 어떤 일이든 비교할 대상은 나 자신뿐이에요

하루 대부분을 학교에서 친구들과 지내다 보면 안 그러려고 해도 저절로 자신과 친구들을 비교하게 돼요. 문제는 비교하면서 나도 모르게 자꾸 위축되고 자신을 비하하는 느낌이 든다는 점이죠. 사실 사람마다 잘하는 게 다르고 갖추고 있는 조건이 달라요. 그렇기 때문에 모두를 똑같은 기준으로 비교하는 것은 매우 부정확하고 객관적이지 않은 결과를 낳는답니다.

자신이 더 나아졌는지, 발전했는지를 객관적으로 판단할 가장 좋은 방법은 남이 아니라 바로 나 자신과 비교하는 거예요. 쉽게 말해 과거의 나와 지금의 나를 비교해야 해요. 단계적인 목표를 세우고 목표를 이루었는지, 어제보다 오늘은 얼마나 나아졌는지 따져 보아요. 어제의 나와 오늘의 나를 비교할 때 비로소 나 자신을 객관적이고 정확하게 볼 수 있답니다.

이런 생각이 들 수 있어요 (mentality)

애들은 어떻게 저렇게 다 잘하지?
나만 아무것도 할 줄 모르나 봐.

벌써 세 번이나 시도했는데
다 실패했어. 난 실패자야!

쟤는 뭐든 쉽게 해내는 것 같아.
나도 쟤처럼 되고 싶어. 나는 정말 멍청해!

심리분석 & 힌트

1 어떤 일이든 단숨에 성공하기란 힘들어. 계속 노력하면서 조금씩 나아진다면 그걸로 충분해.

2 예전과 비교하면 훨씬 잘하고 있잖아. 나는 계속 발전하고 있어. 힘내자!

3 사람마다 조건과 상황이 다르니까 성과도 다른 게 당연해.

연습 & 설명

1 '발전'의 의미를 바르게 알기

내가 비교할 대상은 나 자신뿐이야!

다른 사람과 나를 비교해서는 내가 발전했는지 알 수 없어요. 발전이란 남과 나를 비교해서 알 수 있는 것이 아니에요. 내가 남보다 어떤 것을 더 잘한다고 해서 발전했다고 말할 수는 없어요. 내가 발전했는지, 얼마나 발전했는지 알려면 다른 사람이 아니라 과거의 나와 지금의 나를 비교해야 한답니다. 지금의 내가 과거의 나보다 조금이라도 더 나아졌어야 비로소 발전한 것이라고 볼 수 있어요.

2 맹목적으로 부러워하지 않기

열심히 노력했어도 얼마든지 실패할 수 있어. 나뿐만 아니라 모두가 그래!

자꾸 자신과 다른 사람을 비교하며 남의 성공을 부러워하다 보면 자신감이 위축되기 쉬워요. 이 같은 사태를 피하려면 다른 사람이 성공한 원인을 객관적으로 분석할 줄 알아야 해요. 맹목적으로 부러워하고 올려다보는 것은 금물이랍니다. 사람마다 이미 갖춘 조건이 다르고, 그간 쏟아 온 노력 또한 달라요. 그러니 자연히 결과도 다를 수밖에요. 성공하고 싶다면 노력하는 게 당연하고 또 중요해요. 그러나 자신의 조건도 고려해서 '반드시 이 결과가 아니면 안 된다'라는 식의 경직된 생각을 버릴 줄도 알아야 한답니다.

3 단계적 목표 세우기

상대의 실력이 만만치 않군! 실현 가능한 목표를 세우자. 일단 한 골을 막는 데 집중하는 거야!

평소 공부할 때 목표를 단계적으로 세우고 하나씩 완수해 보아요. 목표를 단계적으로 세우면 성취감을 얻기 쉬울 뿐만 아니라 자신이 지금까지 얼마나 발전했는지를 좀 더 쉽게 확인할 수 있답니다. 자신이 발전해 온 과정이 눈에 보이면 자연히 자신감도 한층 커지겠죠?

4 다른 사람의 장점과 방법 배우기

친구를 부러워하지만 말고 배울 점은 배우자!

다른 사람을 부러워하지 말고 자기 자신만을 비교 대상으로 삼으라고 해서 다른 사람의 장점과 방법까지 무시하라는 뜻은 아니에요. 어제보다 오늘, 오늘보다 내일 더 나은 내가 되려면 다른 사람의 장점과 좋은 방법을 보고 배우는 것도 매우 중요하답니다.

심리학 박사님과 이야기 나누기

우리는 습관적으로 '비교'라는 방법을 사용해요. 비교를 통해 자신이 얻은 성과를 가늠하기도 하고, 내면의 기준에 따라 각기 다른 정도의 행복감을 느끼기도 하죠. 비교에는 남과 나를 비교하는 '횡적 비교(가로로 비교하기)'와 과거의 나와 지금의 나를 비교하는 '종적 비교(세로로 비교하기)'가 있어요. 횡적 비교는 우리에게 실망과 불행함을 주기 쉽지만 종적 비교는 희망과 투지를 불러일으킨답니다.

그러니 지금부터는 다른 누구도 아닌 바로 나 자신과 경기를 펼쳐 보아요. 어제의 나보다 좀 더 나은 내가 되기 위해 매일 꾸준히 노력하는 거예요. 작은 물줄기가 모여서 큰 강을 이룹니다. 마찬가지예요. 오늘의 작은 노력을 무시하지 말고 꾸준히 쌓아 보아요. 그러면 어느덧 몰라보게 발전한 나 자신을 발견할 거예요.

여러분의 생각을 써 보아요.
자신감을 키우기 위해 평소 해 볼 만한 일로 어떤 것들이 있을까요?

제조년월: 2021년 4월 20일 제조자명: 오렌지연필
주소: 경기도 고양시 덕양구 화중로 130번길 32 파스텔프라자 502호
전화번호: 070-8700-8767 사용연령: 8세 이상 제조국명: 대한민국
사용상 주의사항: 모서리가 날카로우니 주의하세요. 던지거나 심한 충격을 주지 마세요.
KC마크는 이 제품이 공통안전기준에 적합하였음을 의미합니다.

초등학생을 위한
좋은 심리 습관
2 자신감이 강한 아이

초판 1쇄 인쇄 2021년 4월 15일
초판 1쇄 발행 2021년 4월 20일

지은이 | 샤오허 심리연구소
옮긴이 | 최인애
펴낸이 | 박찬욱
펴낸곳 | 오렌지연필
주　소 | 경기도 고양시 덕양구 화중로 130번길 32 파스텔프라자 502호
전　화 | 070-8700-8767
팩　스 | 031-814-8769
메　일 | orangepencilbook@naver.com

본　문 | 미토스
표　지 | 쏭이

ⓒ 오렌지연필

ISBN 979-11-89922-22-1 (74320)
　　　979-11-89922-27-6 (세트)

* 잘못 만들어진 책은 구입처에서 교환 가능합니다.